Ilona Bürgel

Warum immer mehr nicht immer richtig ist

Ilona Bürgel

Warum immer mehr nicht immer richtig ist

Neue Wege zu Erfolg *und* Wohlbefinden

Kösel

Verlagsgruppe Random House FSC© N001967

Copyright © 2017 Kösel-Verlag, München,
in der Verlagsgruppe Random House GmbH
Neumarkter Str. 28, 81673 München
Umschlag/Illustration: Weiss Werkstatt, München
Satz: Uhl+Massopust, Aalen
Druck und Bindung: CPI books GmbH, Leck
Printed in Germany
ISBN 978-3-466-34653-0

www.koesel.de

 Dieses Buch ist auch als E-Book erhältlich

Inhalt

3. Anstrengung, die Wohlbefinden garantiert

Einleitung

Ich hatte noch nie einen Burnout. Und ich möchte, dass er Ihnen ebenfalls erspart bleibt. Erfreulicherweise hatte ich auch sonst nie eine größere Krankheit. Ich gestehe weiter, ich bin noch nie einen Marathon gelaufen und habe noch nie 20 Kilogramm abgenommen. Ich war auch noch nie auf einem sehr hohen Berg, weder mit noch ohne Sauerstoff. Ich habe also keine Leistung zu bieten, die Sie ehrfürchtig erschauern lässt. Vielleicht bin ich aber gerade deshalb genau die richtige Ansprechpartnerin für Sie. Weil Sie und ich ein normales Leben haben, bei dem es ganz einfach darum geht, es gut zu meistern.

Dabei ist es schon eine besondere Leistung, all die Dinge unter einen Hut zu bekommen, die wir täglich stemmen müssen: den ständigen Neuerungen und höheren Anforderungen in Beruf und Privatleben gerecht zu werden; die nächste Umstrukturierung der Abteilung zu bewältigen ebenso wie das nächste Softwareupdate und den wachsenden Zeitdruck; nicht mehr nur schön, intelligent und gesund sein zu wollen, sondern trotz Dauerbelastung energievoll und vor allem gelassen und glücklich.

Die Selbstantreiber »Streng dich an«, »Sei tapfer und diszipliniert« haben uns, was unsere Produktivität betrifft, weit gebracht. Doch im neuen Jahrtausend reicht dies leider nicht mehr aus. Schlimmer noch, wir schaden uns dadurch sogar selbst. Der Grund dafür ist, dass wir das Konzept Anstrengung missverstehen. Um dies zu ändern, gibt es dieses Buch.

Uns stehen so viele Möglichkeiten offen, aber wir haben wenig Zeit dafür. Eigene und fremde Maximierungsansprüche setzen uns unter Dauerdruck. Wir fürchten, etwas zu verpassen, nicht gut genug zu sein oder die falschen Entscheidungen zu treffen. Parallel dazu haben wir in den letzten Jahrzehnten unsere Erwartungen in allen Lebensbereichen immer weiter nach oben geschraubt. Wir erreichen immer mehr und kommen trotzdem nicht mehr an. Noch schlimmer: Wir werfen auf diesem Weg unsere Kraft mit vollen Händen zum Fenster hinaus – als Gefangene unserer Maßstäbe und unserer Anstrengungskultur. Und wir merken es nicht einmal.

Gleichzeitig ist da die Sehnsucht, dass es doch auch anders gehen müsste. Dieses leise Ticken der Uhr des Lebens, die, je mehr wir in unseren Tag hineinpacken, immer schneller zu laufen scheint. Das macht uns Angst, doch wie reagieren wir darauf? Indem wir noch mehr tun und dabei hoffen, das Glück nach Feierabend oder spätestens im Ruhestand zu finden.

> **Anstrengung** wird doppelt
> **missverstanden:**
> Für das ersehnte Wohlbefinden
> strengen wir uns nicht genug an,
> für die **falschen Ziele** umso mehr.
> Das kostet Wohlbefinden.

Ich weiß, wovon ich spreche. Aus einer Unternehmerfamilie stammend, bin ich mit zwei Lebensmaximen aufgewachsen: Bildung und Leistung. Sätze wie »Von nichts kommt nichts« oder »Erst die Arbeit, dann das Vergnügen« waren mir schon früh vertraut, und meine Großeltern und Eltern lebten dies vor. Allerdings war ich die Erste, die nach der Schule studieren konnte und auf direktem und kürzestem Weg Karriere gemacht hat. Dabei ist mir der Erfolg keineswegs einfach zugefallen, im Gegenteil. Um die sehr guten schulischen Leistungen zu bringen, die man selbstverständlich von mir erwartete, musste ich von Jahr zu Jahr mehr arbeiten. In der Abiturstufe hatte ich zum Beispiel Mathenachhilfe. Gleichzeitig lernte ich Klavier und Stenographie und startete mit einer dritten Fremdsprache, was mir aber schnell zu viel wurde. Ich sang im Chor und gab selbst Nachhilfe. Man könnte sagen, eine typische gutbürgerliche, vielseitige Bildungsbiografie.

Bereits sehr früh war mir klar, dass ohne Anstrengung nichts geht. Anstrengung an sich ist eigentlich gut für unser Gehirn. Es bringt nämlich die besten Leistungen, wenn wir ein klein wenig über unsere Möglichkeiten gefordert werden. Problematisch wird es dann, wenn wir das Prinzip Anstrengung ohne Einschränkung anwenden und außerdem in allen Lebensbereichen. Ein Beispiel: Sobald das Thema Partnersuche für mich aktuell wurde, ging ich nach genau dem gleichen Prinzip vor. Liebenswert und attraktiv zu sein knüpfte ich an immer höhere Bedingungen. Und wenn eine Beziehung nicht funktionierte, lag es nahe, die »Schuld« in der eigenen unzureichenden Leistung zu suchen. Was nehmen wir im Interesse der Liebe nicht alles in Kauf? Wie oft passen wir uns an und versuchen, fremde Wünsche auf unsere Kosten zu erfüllen. Das kann nie gut gehen und hat oft doppelten Frust zur Folge.

Auch im Studium setzte sich meine Anstrengungskarriere fort. Der scheinbare Beweis dafür, dass meine Art zu leben richtig war, waren die guten Noten und der gute Abschluss. Ich habe als Jahrgangserste promoviert und schnell eine attraktive Anstellung in der Wirtschaft gefunden. Die Kehrseite der Medaille war, dass ich die Anzahl der Feiern mit Kommilitonen an zwei Händen abzählen konnte. Bin ich damals überhaupt in den Urlaub gefahren? Ich weiß es nicht mehr. Ich war früh die Erste und abends die Letzte in der Bibliothek. Ja, ich habe durch strebsames Arbeiten meine Ziele, zum Beispiel die Promotion, erreicht, und ich finde das nach wie vor richtig. Doch man sollte sich immer klarmachen, dass alles seinen Preis hat. Die Gefahr am Prinzip Anstrengung ist nicht nur die Überanstrengung. Sondern dass ständige Anstrengung als etwas ganz Normales angesehen wird, gesellschaftlich nicht nur akzeptiert, sondern sogar erwünscht ist, und dass wir durch gute Ergebnisse belohnt werden. So fällt uns oft gar nicht auf, dass wir dabei etwas verpassen. Dieses Leben macht zum Beispiel einsam. Vielleicht haben Sie beim Lesen auch schon gedacht: »Was für eine Streberin«. Genau. Strebsamkeit ist zwar ein hoher Wert, aber mit einem Streber möchte man nichts zu tun haben!

Die Kunst ist es, eine Balance zu finden. Die Balance zwischen der Anstrengung, die wir aufwenden müssen, um das zu erreichen und aufzubauen, was wir uns im Leben wünschen, und auf der anderen Seite genug Zeit und Raum für uns und andere Menschen, für Hobbys und vor allem Erholung. Dass wir die Balance leider meist nicht finden, ist die Ursache dafür, dass immer mehr Menschen, vor allem psychisch, erschöpft sind. Nicht weil wir älter werden und weniger aushalten, sondern weil wir uns zu lange überfordert und bei dem Prinzip Anstrengung den Genuss und die Erholung vergessen haben.

In kaum einem anderen Land gibt es ein so dramatisches Missverhältnis zwischen den guten Arbeits- und Lebensbedingungen einerseits und dem als schlecht erlebten eigenen Befinden andererseits. Die Lösung scheint in einem besseren Umgang mit den Stressoren unserer Zeit zu liegen. Doch ist das wirklich so? Auf die Frage, was uns denn so stresst, sagen wir laut Statistik am häufigsten »die Arbeit«. Doch wir übersehen dabei die eigentliche Quelle unserer Probleme: unser Denken. Es beeinflusst, was wir erwarten, was wir tun und was wir demzufolge erleben. Nicht allein die Arbeit, die ständige Erreichbarkeit oder die Schnelllebigkeit unserer Zeit lasten auf uns, sondern die Haltung, die wir haben, die Gedanken, die wir uns machen und mit denen wir uns gegenseitig anstecken.

In den kommenden Jahren wird es immer mehr darauf ankommen, sich bei dem, was man tut, wohlzufühlen, besonders während der Arbeit. Das hilft, in Zeiten der Instabilität, Stagnation oder des Ausbleibens von Wachstum durchzuhalten. Außerdem kann uns das aus dem Hamsterrad des vorwiegend an Quantität orientierten »Höher-Schneller-Weiter« heraus und hin zu mehr Lebens- und Arbeitsqualität führen. Und schließlich wirkt es sofort wohltuend und kann dadurch Produktivität und Leistungsfähigkeit im Beruf sowie Lebensfreude und Gesundheit im Privatleben steigern.

Wohlbefinden, egal ob beruflich oder privat, das sind die vielen kleinen täglichen guten Dinge, und das ist zudem ein generelles Gefühl der Zufriedenheit mit dem Leben, nicht etwa die seltenen außergewöhnlichen Erlebnisse wie eine Beförderung oder eine Weltreise. Es geht also darum, die täglich guten Dinge erst einmal zu sehen und zu schätzen. Und dann auch darum, unser Verhalten zu ändern: Täglich treffen wir Hunderte Entscheidungen, bei denen wir unaufmerksam sind. Dabei wäre es doch einfach, sich immer wieder einmal zu fragen, ob man sich etwas Gutes tut.

Die meisten Menschen fühlen sich allgemein wohl. Nicht immerzu und in riesigem Ausmaß, aber als Tendenz. Dies zu erhalten, egal was Ihr Leben noch bringt, oder es sogar auszubauen, darum geht es in diesem Buch.

Sie können es von vorn lesen, Sie können aber auch einzelne Abschnitte auswählen, die Sie besonders interessieren. Ich habe kleine Einheiten für Sie gestaltet, damit Sie selbst nach einem anspruchsvollen Arbeitstag noch Lust und genug Kraft für ein solches Häppchen haben. Auf diese Weise können Sie hoffentlich schon beim Lesen anwenden, worüber ich schreibe: Wir fühlen uns wohl, wenn wir auf die richtige Art und Weise gefordert sind, und wenn wir uns wohlfühlen, leisten wir, was wir wollen und sollen – ganz ohne gestresst zu sein.

Im Sinne der einfachen Lesbarkeit verwende ich im Text nur die männliche Form der Substantive.

Viel Freude wünscht Ihnen

Dr. Ilona Bürgel

1   Wenn Anstrengung Wohlbefinden kostet

Selbstbestimmung, Unabhängigkeit, Chancengleichheit sind für uns heute wichtige Werte. Ständige Entwicklung, altersunabhängige Flexibilität und Mobilität im Außen und Innen werden durch die neuen Lebensbedingungen immer nachdrücklicher eingefordert. Die Chancen dieses neuen Zeitalters benötigen auf der Nutzerseite eine passende Haltung, Wissen und Handlungsmöglichkeiten, die oft gar nicht vorhanden sind, nicht wahrgenommen oder genutzt werden. Es gab bislang kein Schulfach »Glück« oder »Umgang mit sich und anderen«. Wir verhalten uns daher so, wie wir es von klein auf in unserer Familie gelernt haben. Vieles von dem, was wir da tun, hat unseren Eltern genützt und sie gut durchs Leben gebracht – manches auch nicht, trotzdem haben sie es uns mitgegeben. Doch die digitalisierte Wissensgesellschaft stellt andere, ganz neue Anforderungen. Deshalb erleben wir oft schmerzlich die Diskrepanz zwischen Sollen und Wollen.

Die Frage ist: Wollen wir uns weiterhin zu viel und für das Falsche anstrengen? Glück und Wohlbefinden mit immer mehr Aufwand dem Leben abtrotzen? Sind wir bereit, die Unangemessenheit der eingesetzten Kraft mit Erschöpfung, verlorener Lebensfreude und Gesundheit zu bezahlen? Beginnen wir bei der Anstrengung, die uns nicht guttut. Wer die Gefahr kennt, kann bessere Entscheidungen treffen!

Die Hintergründe der Anstrengung

Ich habe einen freien Tag geschenkt bekommen. Es ist Mittwoch und ich war mit einer neuen Marketingagentur zum Erfahrungsaustausch verabredet. Leider ist eine wichtige Gesprächspartnerin erkrankt und wir verschieben den Termin. Plötzlich habe ich Zeit, die nicht verplant ist. Was mache ich damit? Selbst an einem Samstag oder Sonntag fällt es mir schwer, mich zu entscheiden, mal gar nichts zu tun, oder »nur« spazieren zu gehen oder ins Kino. Doch noch viel größer ist die Herausforderung an einem Mittwoch.

Zu Beginn meiner Selbstständigkeit hatte ich Schwierigkeiten, überhaupt freie Zeit für mich zu schaffen. Als Psychologin und Referentin sind meine Hauptarbeitszeiten abends, wenn meine Klienten Feierabend haben, und am Wochenende, wenn Kongresse, Schulungen und Seminare stattfinden. Ich muss mir also zu anderen Zeiten freinehmen. Zum Beispiel montags. So begann ich an Montagen oder Dienstagen vormittags zum Sport und in die Sauna zu gehen. Die inneren Dialoge hätten Sie mal hören sollen. »Hoffentlich sieht mich keiner.« »Dienstags 11 Uhr in Sportsachen? Alle anderen arbeiten, nur ich nicht.« Dass sich im Gegenzug keiner fragt, warum ich samstags arbeite, galt nicht. Ein mulmiges Gefühl, ein schlechtes Gewissen waren meine Begleiter. Bis ich umdenken konnte und mein Auftanken und mein Wohlbefinden über diese gefährlichen Selbstgespräche stellen konnte.

Also was tun an einem plötzlich freien Mittwoch? Am besten etwas, was mir Freude bereitet. Und damit sind wir auch gleich bei einem wichtigen Kriterium für unsere Arbeit. Es geht nämlich nicht darum, wie oft und wie lange wir arbeiten, sondern mit welchem Motiv und welchem Einsatz.

Inzwischen wissen wir zum Beispiel, dass die sogenannten

»Genussarbeiter«, also Menschen, die gern arbeiten und etwas bewirken wollen, eine bessere Gesundheit haben. In der TK-Stressstudie 2013 konnte nachgewiesen werden, dass »Genuss-arbeiter« gegenüber »Broterwerbarbeitern«, denen es nur um das Einkommen geht, weniger erschöpft sind. Nämlich jeder Vierte statt jeder Zweite. Und sie sind weniger depressiv, 7 Prozent im Vergleich zu 23 Prozent.

Genauso ist es mit dem Engagement. Hohes Arbeitsengagement führt nicht zu emotionaler oder physischer Erschöpfung, die das Privatleben negativ beeinflussen. Vielmehr gehen Menschen nach einem engagierten Tag mit einem besseren Energieniveau nach Hause als nach einem wenig engagierten. Offenbar bestimmt die Art der Anstrengung die Wirkung. Das heißt: Unser Gehirn liebt Anstrengung, wenn sie angemessen ist. Wenn wir uns Aufgaben widmen, die nur etwas schwerer sind, als unser gegenwärtiges Leistungsniveau es zulässt, die uns im Bereich des Möglichen herausfordern, dann kommen wir in einen optimalen Leistungszustand, der »Flow« genannt wird. Wir vergessen die Zeit, geben uns ganz dem augenblicklichen Tun hin und »bleiben dran«, bis wir etwas erreicht haben. Dabei fühlen wir uns leistungsfähig und sind danach glücklich. So ist es auch beim Sport. Wenn wir etwas geschafft haben, das mit ein wenig Mühe verbunden ist, befriedigt uns das am meisten.

Anstrengung wird falsch verstanden

Ein weiterer Gradmesser dafür, wie Anstrengung auf uns wirkt, ist das Ergebnis. Haben wir erreicht, was wir uns vorgenommen haben? Das Abschließen von Tätigkeiten, egal wie anstrengend sie sind, führt dazu, dass wir uns wohlfühlen. Wenn nicht, kann das sehr belastend sein, weil unser Gehirn sich besonders gut an das erinnert, was offen oder unerledigt ist. Das ist der sogenannte Zeigarnik-Effekt.

Wir alle kennen diesen Effekt von übervollen Tagen, an denen wir von einer Aufgabe zur nächsten springen und nichts abschließend erledigt bekommen. Abends ist man völlig unzufrieden, weil man trotz aller Anstrengung scheinbar nichts geschafft hat. In diesem Fall haben wir uns wieder einmal falsch angestrengt: Wir haben vieles halb, statt wenig ganz erledigt.

Ist das, wofür ich mich gerade anstrenge, sinnvoll? Sinn wird heute als ein wichtiger Bestandteil psychischer Gesundheit verstanden. Die Beschäftigung mit der Sinnhaftigkeit setzt jedoch individuelle Reflektion und damit Zeit und Muße zum Nachdenken voraus. Die Frage »Was nützt mein heutiges Tun, wofür ist es gut?« richtet das Denken und Fühlen auf andere Zusammenhänge als den rein materiellen Gewinn aus und relativiert damit die Anstrengung. Sinn finden wir auch ganz einfach dann, wenn wir etwas für andere tun oder eine Aufgabe erfüllen, die wir bejahen. Ebenso ist das der Fall, wenn wir uns etwas erschlossen und also verstanden haben. Hier potenzieren sich dann »Flow« und Sinn und gleichen die Anstrengung aus.

In der Glücksforschung begegnen wir dem Thema in den drei Säulen des Glücks: positive Gefühle (durch Ereignisse wie ein gutes Essen oder den Kauf eines neuen Autos), Selbstverwirklichung (bei der Arbeit, einem anderen Tun oder einer Beziehung) sowie Sinn, den ich durch mein Tun für mich und andere erfahre. Menschen, denen alle drei Säulen zur Verfügung stehen, sind die glücklicheren. Es kommt zu intra- und interpersonellen positiven Aufwärtsspiralen, zu sich selbst verstärkenden Kreisläufen des Glücks.

Überanstrengung bei der Arbeit

Mit welchen Ermahnungen oder Wegweisungen sind Sie groß geworden? Einige dürften uns bewusst sein, wie »Ohne Fleiß kein Preis« oder »Erst die Arbeit, dann das Vergnügen«. Andere sind wohl eher unbewusst und wirken doch in allen Lebensbereichen. Wofür wurden Sie gelobt oder bestraft? In der Regel wurden wir für gute Leistung gelobt: für das Stillsitzen, ohne Fehler zu rechnen, sauber zu schreiben, höflich zu grüßen usw. Sanktionen verstärken das gewünschte Verhalten. Nur sehr wenige Menschen sind selbst als Erwachsene davon unabhängig. Fragen Sie sich doch einfach einmal, ob es Ihnen reicht, einen guten Job zu machen oder als Vater oder Freundin zuverlässig zu sein. Oder wollen Sie, dass dies gesehen und anerkannt wird, suchen Sie nach Feedback und Bestätigung?

Haben Ihre Eltern viel gearbeitet oder wenig, und wie sind sie damit umgegangen? War es ihnen Freude oder Last?

Die Kultur unseres Landes ist eine Anstrengungskultur. Wir lernen bewusst und unbewusst sehr früh, dass man sich Erfolg erarbeiten, ja sogar erkämpfen muss. Wenn uns etwas zufällt, Freude macht oder leicht von der Hand geht, ist das eigentlich nicht vorgesehen und stößt eher auf Misstrauen. Als ich mich 2005 als Psychologin selbstständig machte, fragte mich ein Bekannter nach meinem Motiv dafür. Auf meine Erklärung, dies sei eine Tätigkeit, die mir Freude bereite, bekam ich die entsetzte Antwort, dass dies ein völlig unsinniges, ja gefährliches Motiv für die Selbstständigkeit sei.

Bei www.openthesaurus.de finden wir unter dem Suchbegriff Anstrengung: Mühe, Fleiß, Ausdauer für eine Leistung. Im Duden: (Über)Beanspruchung, Strapaze. Das Wort Beanspruchung kommt uns doch bekannt vor: ja genau, aus der Arbeitswelt.

Ebenso ist es mit dem Begriff Belastung. Auch er wird häufig verwendet und ist in unserem Sprachgebrauch eher negativ besetzt. Zunächst beschreibt er bei der Arbeit lediglich eine Anforderung von außen, der Arbeitssituation oder -umgebung sowie den organisatorischen Rahmenbedingungen. Es kommt zu einer Beanspruchung des Menschen durch die Belastungen, die zu Reaktionen auf körperlicher und psychischer Ebene führen. Sie können sowohl positiv als auch negativ sein. Positiv wären der Erhalt und Ausbau der Leistungsfähigkeit, die Steigerung von Motivation, Arbeitszufriedenheit und Gesundheit. Dem stehen negative gegenüber, wie das Gefühl der Überforderung, Fehler, Minderleistung, Beeinträchtigung der Fähigkeiten und Gesundheit.

Externe Anforderungen am Arbeitsplatz treffen immer auf individuelle, vor allem innere Leistungsvoraussetzungen. Dies wird beim Betrachten der Veränderungen in der Arbeitswelt gern außer Acht gelassen. Ist eine größere Arbeitsmenge ein Problem? Oft geht es eher darum, dass die Arbeitsorganisation nicht angepasst wird, Perfektionismus zu viel Zeit kostet oder die betreffende Person nicht »Nein« sagen kann, wenn ihr zu viel Arbeit angetragen wird. Eine negative Summe auf beiden Seiten, also zum Beispiel zu hohe Anforderungen bei nicht angemessenen Fähigkeiten, erleben wir als sogenannten negativen Stress. Wenn wir uns nicht weiterbilden, körperlich nicht fit sind oder schlecht geschlafen haben, können sogar geringste Anforderungen eine Überforderung für uns sein.

> **Kurz gesagt** Anstrengung ist in unseren Köpfen oft negativ besetzt, weil wir sie nicht nur mit Aufwand, Fleiß und Ausdauer, sondern vor allem mit Überforderung und Strapaze gleichsetzen. Dabei ist es nicht entscheidend, wie oft und wie lange wir etwas tun, sondern mit welchem Motiv, welchem Gefühl, welchem Ergebnis und zu welchem Preis.

Die neuen Katalysatoren der Anstrengung

In meiner Wahrnehmung führen und verführen auch die vielen neuen Beratungsangebote zum Thema beruflicher und persönlicher Erfolg dazu, dass wir uns noch mehr anstrengen.

Unsere Großeltern, selbst unsere Eltern haben sich kaum gefragt, ob sie glücklich sind oder ob sie ihrer Berufung im Leben folgen. Es galt eine Familie zu ernähren, gesund zu bleiben, Kriege zu überleben. Vor lauter Arbeit kam man gar nicht auf solche Gedanken. Natürlich waren Menschen mehr oder weniger zufrieden oder glücklich, wenn sie Lehrerin, Bäcker oder Buchhalter waren. Doch so ausgiebig, wie wir uns heute Berufungsfragen widmen, haben sich wohl die wenigsten damit befasst. Für manchen sind dies aber ganz existenzielle Fragen mit entsprechendem Druck. Bei dem Berliner Geldcoach Christoph Simon fand ich eine Umfrage darüber, welche Ängste Menschen haben. Ganz erstaunt las ich, dass die Angst davor, die eigene Lebensaufgabe nicht zu erfüllen, genauso groß ist wie die Angst vor Armut.

Der Optimierungsdruck

Ich arbeite in einem Umfeld, in dem viele Menschen heute ihr berufliches Glück suchen. Der Gesundheits- oder Persönlichkeitsentwicklungsmarkt boomt und ist eine Reaktion auf den Übergang von einer Industrie- und Produktionsgesellschaft zu einer Wissens- und Dienstleistungsgesellschaft. Die Anforderungen ändern sich, die Ausbildung dafür kommt so schnell nicht nach. Deshalb ist Selbsthilfe gefragt.

Vor wenigen Jahren reichte es, wenn ein Automechaniker sich mit Autos, Kraftstoffen und Straßen auskannte. Heute soll er nicht nur selbst Angebote und Rechnungen auf transportabler Technik schreiben, sondern er soll auch wirtschaftlich denken, verkaufen und sogar Kunden betreuen. Plötzlich ist seine Person gefragt: Wie sehe ich aus, wie trete ich auf, wie wirke ich? All dies beeinflusst die Reaktion des Kunden.

Im Beratungs- und Vortragsbereich treffe ich immer mehr Menschen, die über eine eigene Krisenerfahrung die Nützlichkeit oder Notwendigkeit von psychologischem oder ganzheitlichem Denken erfahren haben und dies anderen vermitteln wollen.

Es gibt zahlreiche Ausbildungsmöglichkeiten, und es ist ein Geschenk der heutigen Zeit, dass wir, zumindest theoretisch, in jedem Lebensalter eine neue Karriere beginnen können, z. B. als Unternehmensberater oder Heilpraktiker.

Angenommen, ein frisch ausgebildeter Berater begibt sich nun mit seinem Dienstleistungsangebot auf den Markt. Am Anfang denkt erfreulicherweise jeder, die Welt wartet genau auf das eigene Angebot. Das ist auch gut so, denn sonst würde man diesen Schritt wohl kaum wagen. Doch dann wird es schwieriger als gedacht, Kunden zu finden und Aufträge zu bekommen. Meist ist die Reaktion darauf noch mehr Arbeit und Krafteinsatz für weniger Geld und Freude, und es wird nach Erklärungen für den mangelnden Erfolg gesucht. Hier kommt die Vision ins Spiel. Ich habe z. B. viele Jahre mit immer neuen Marketingfirmen an meiner Positionierung gefeilt, am Markenimage. Ich habe Berufungscoaching, Leuchtturmcoaching und Heldenreise gebucht. Je größer das erlebte Defizit, umso größer ist die Bereitschaft für Investitionen. Immer war ich auf der Suche nach meiner Vision, meiner Berufung, weil die, die ich hatte, scheinbar nicht reichte.

Könnten es nicht einfach die falschen Maßstäbe sein, die dazu führen, dass Sie und ich in ständiger Selbstoptimierung meinen, dass etwas oder wir nicht gut genug oder weit genug sind?

Die Orientierung im Außen

Als neue Anstrengungsgefahr sehe ich außerdem, dass wir die Lösungen unserer Probleme im Außen erhoffen. Wie oft habe ich Seminare besucht oder Bücher gelesen in dem Glauben, den einen Tipp zu finden, den einen Satz oder Gedanken, der alles erklärt, mich dorthin bringt, wo ich noch nicht bin. Sei es beim Dauerthema Wunschfigur, bei der Leichtigkeit des Geldverdienens, der perfekten Webseitengestaltung o. Ä.

Ich bin kein Designer und auch kein Marketingexperte, deshalb folgte ich immer der Annahme, dass ich nur die richtige Agentur, den richtigen Berater finden müsse, der mir sagt, wie ich mich zeigen, ausdrücken, meine Webseiten gestalten soll. Noch schlimmer war der Irrtum, dass die Agenturen nur größer und bekannter sein müssten, dann erhöhe sich die Wahrscheinlichkeit meines Erfolges. Das war ein schmerzhafter und teurer Irrtum. Solange ich in mir keine Klarheit darüber hatte, was ich will und was mich besonders macht, konnte ich das außerdem nicht so vermitteln, dass eine Marketingagentur damit hätte arbeiten können.

Wir zahlen für die Suche im Außen mit wachsender Frustration und damit einhergehendem Kräfteverlust. Auch ich neigte dazu, mich immer dann noch mehr anzustrengen, wenn etwas nicht lief wie gewünscht. Kann ich etwas noch besser erklären? Muss ich noch weiter an mir arbeiten?

Getrieben wird dieses Hamsterrad von dem Vergleich mit anderen. Natürlich gibt es Kollegen, die über hundert Vorträge im Jahr halten, die Millionen verdienen oder zwei Aufträge am Tag realisieren. Solange ich mich mit ihnen vergleiche, bin ich immer unglücklich. Selbst wenn ich weiß, dass ich mit diesen Menschen und deren Leben nicht tauschen möchte.

Ich habe die Sätze gelesen, die ich gesucht habe. Zum Beispiel: »Du bist längst da.« Das stimmt. Ich muss es nur sehen und schätzen. Was ich leiste, was ich aufgebaut habe, was ich anderen Menschen bedeute. Es gibt so viel mehr und besser passende Antworten in uns selbst. Wir müssen uns dafür nur Zeit nehmen und Vertrauen haben.

Kurz gesagt Die Orientierung an anderen, falsche Maßstäbe und pausenlose Selbstoptimierung sind Anstrengungsgefahren, denen wir mit der Rückbesinnung auf uns selbst begegnen können.

Wie Überanstrengung entsteht

Woran erkennen Sie, dass Anstrengung Ihnen schadet? Auf jeden Fall immer dann, wenn Sie übertreiben, sich aufreiben und abrackern. Häufig geht das mit ausbleibenden Ergebnissen einher. Langfristig frisst das Ihre körperlichen und geistigen Kräfte auf und führt, wenn Sie lange genug durchhalten, zu Erschöpfung oder Burnout.

Sie erkennen das auch daran, dass Sie keine oder keine der Anstrengung angemessene Freude empfinden und Ihr Tun trotzdem fortsetzen oder wiederholen. Achten Sie außerdem auf das Gefühl der körperlichen oder/und geistigen Überforderung. Bei den Stress- und Burnout-Fallen gehe ich detaillierter darauf ein.

Weil es so fundamental ist, möchte ich hier noch einmal wiederholen, dass nicht das Älterwerden uns unsere Kräfte raubt. So, wie wir uns heute hegen und pflegen, mit den Möglichkeiten, die Gesundheitssystem und Wellnessmarkt bieten, können wir körperlich viel jünger bleiben und kraftvoller und gesünder älter werden als Generationen vor uns. Die Müdigkeit oder Energielosigkeit, die verlorene Lebensfreude, die immer mehr Menschen um die Lebensmitte und manche sogar schon eher spüren, haben mit anhaltender Überforderung und dem Verbrauchtsein unserer Ressourcen bzw. dem fehlenden Aufladen der Batterien zu tun.

Die Krafträuber

Wir merken es genau, wenn uns etwas Kraft raubt. Ein Beispiel ist die Übertreibung von Anstrengung, die wir zu oft und zu lange aushalten. Oder ein Leben gegen unsere Werte. Oft lassen wir die Kraft auch dort, wo es uns gar nicht wirklich wichtig ist, aus Angst, dass wir sonst nicht das Leben leben können, was wir uns wünschen.

Die Partnersuchplattform ELITE.de hat 2014 eine Umfrage dazu durchgeführt, welche Werte Erwachsenen am wichtigsten sind. Das Ergebnis war nicht überraschend: Familie, Freunde und Freizeit führten die Hitliste an, die Arbeit kam auf Platz 5. Ich zitiere diese Studie, weil sie das Problem der Fehlinvestition zeigt. Wenn uns Familie oder Freunde so wichtig sind, dann sollten wir unsere Kraft und Zeit auch dort investieren. Tun wir das? Ich fürchte, nein. Vielmehr lassen wir die meiste Kraft und Zeit bei der zum Teil auch noch ungeliebten Arbeit. Diesen Konflikt kennen ganz besonders Mütter, die immer einer Seite gegenüber ein schlechtes Gewissen haben. Bringt dies etwas? Ganz im Gegenteil. Das schlechte Gewissen ist ein großer Krafträuber. Besser wären Entscheidungen für ein bestimmtes Lebensmodell, die dann nicht mehr angezweifelt werden, bis es Zeit für eine neue Entscheidung ist.

Die Verausgabung unserer Kräfte ist ein gesellschaftlich akzeptiertes, ja erwünschtes Phänomen geworden. Deshalb ist es so schwer, sich selbst anders zu verhalten.

Wenn Sie sich die statistische Verteilung von Burnout bzw. psychischen Erkrankungen ansehen, trifft es als erstes Menschen, die viel mit Menschen zu tun haben, zum Beispiel in medizinischen und sozialen Berufen. Das Phänomen Burnout wurde übrigens erstmals an Krankenschwestern untersucht. Was zeichnet diese Berufsgruppe aus? Engagement für den Wunschberuf, das Bedürfnis, zu helfen, und der ständige Umgang mit Menschen. Schauen wir uns diese Eigenschaften an, dann sind sie zunächst einmal sehr positiv. Doch dann kommt die Frage des Maßes dazu. Es gibt kein »genug« und zu wenig Selbstschutz. Dann kippt die positive Anstrengung in negative Überanstrengung. Wenn eine Woche oder einen Monat lang Überstunden gemacht werden, ist dies die Rettung mancher Pflegestation. Wenn dies aber immer weitergeht, ohne dass die eigenen Grenzen aufgezeigt werden, wird es zu einem Normalzustand. Die Unternehmen gehen davon aus, dass es ja so funktioniert. Es gibt kein »Der Chef müsste doch sehen, was hier los ist«. Er sieht es oft nicht, weil er mit anderen Dingen beschäftigt ist und keine Signale bekommt, dass etwas nicht klappt.

Und: Wir müssen uns daran gewöhnen, dass niemand mehr, absolut niemand, allen Anforderungen und Erwartungen der heutigen Welt gerecht werden kann. Das ist so, weil sie in Summe und Ausmaß zu viel, zu groß und noch ständig im Wachsen begriffen sind. Das heißt, wir müssen lernen, dass Ziele wie alle Arbeiten erledigt oder alle Mails beantwortet zu haben, unrealistisch sind. Es kommt sofort Neues nach, und dies ist von uns nicht steuerbar. Die Anerkennung von Teilzielen und Teilerfolgen, das Setzen von Prioritäten und klare Definitionen, was machbar ist und was nicht, können unsere Rettung sein.

In nahezu allen Umfragen zum Thema Stress am Arbeitsplatz tauchen auf den vorderen Plätzen mangelnde Anerkennung und Wertschätzung auf. Diese Probleme rühren von Altlasten her, die wir mit uns herumschleppen: Die wenigsten von uns haben als Kinder genug Anerkennung bekommen. Kaum jemand wurde ermuntert, sich zu entdecken, und bekam wirkliche

Wertschätzung für seine Person auch bei schlechten Leistungen oder unerwartetem Verhalten, bei irgendwie von der Norm oder sonstigen Erwartungen abweichenden Partner- oder Berufswahlen. Diesen Mangel an Wertschätzung haben wir übernommen.

Hören Sie einmal sich selbst zu. Wie denken Sie über sich, was sagen Ihre inneren Stimmen? Wertschätzend und wohlwollend, was Sie alles schaffen, wie gut Sie organisiert, wie zuverlässig und freundlich Sie sind? Dass Sie morgens aufstehen, auch wenn Sie keine Lust haben, dass Sie schön anzuschauen sind, egal, welche Konfektionsgröße Sie tragen? Oder beschimpfen und kritisieren Sie sich für schlechte Laune, unerledigte Buchhaltung, schmutzige Fenster, Ihr Bäuchlein oder Ihre Esslust?

So negativ, wie wir oft über uns selbst denken, ist die Hoffnung und Sehnsucht groß, jemand anderes könne dies ausgleichen: der Kunde, der Chef, die Kinder, Partner, Nachbarn. Wir strengen uns doch so an, unser Bestes zu geben, damit es allen gut geht, Und dann kommt das nicht einmal an. Der übertriebenen Anstrengung folgt eine große Enttäuschung, die unsere Kraft weiter aufzehrt.

Zu viel, zu lange vom **Falschen**
für das Falsche
wird mit **Wohlbefinden** bezahlt.

Der Fokus der Gedanken

Wir Menschen sind grundsätzlich unglaublich resilient. Resilienz ist die Widerstandsfähigkeit in schwierigen Situationen nach dem Motto: »Wenn mich etwas umhaut, stehe ich wieder auf«. Resiliente Menschen sind in der Lage, die Dinge so zu nehmen, wie sie sind. Verbunden mit dieser Einstellung sind eine bessere Erholungsfähigkeit, mehr Optimismus und Gelassenheit. Für den Arbeitsplatz bedeutet dies, Krisen, unerwartete Veränderungen und Unsicherheit nicht in Frustration und Ärger münden zu lassen, sondern für die mutige Erwartung von positiven Veränderungen zu nutzen. Gute Gefühle verstärken die Resilienz in negativen Situationen: Wer gut drauf ist, hat das besser funktionierende Gehirn.

Widerstandsfähigkeit haben wir alle mehr oder weniger in uns. Wir vergessen es nur manchmal, vor allem dann, wenn wir überfordert sind. Dann kann uns schon eine Kleinigkeit aus der Bahn werfen. Ganz wichtig ist, wie wir in solchen Situationen denken. »Das nicht auch noch« oder »Das schaffe ich nicht« oder »Das kriege ich schon irgendwie hin«. So wichtig der gedankliche Fokus auch ist – die beste Wirkung für die Verbesserung unserer Gefühle erzielen wir, wenn wir uns auch um unsere Lebensumwelt kümmern. Uns Situationen suchen, die uns guttun oder die vorhandenen, und seien sie noch so winzig, verbessern. Denn wir reagieren automatisch auf Reize von außen. Bleiben diese stets gleich, ist es immer ein Kraftaufwand, umzudenken.

Im vergangenen Jahr hatte ich einige Überforderungsmonate. Meine Buchhalterin wechselte, meine Bankbetreuerin auch, meine Wohnung wurde nach einem Wasserschaden renoviert, ich bin in ein neues Büro gezogen, es gab dort einen Einbruchversuch, mein Partner war krank, und nebenbei lief der ganz normale, immer sehr volle Alltag. Immer öfter dachte ich: »Ich kann nicht mehr« oder »Das wird mir alles zu viel«. Und genauso fühlte ich mich auch. Müde, leer und kraftlos. Bis ich, glücklicherweise rechtzeitig, erkannte, dass ich so denkend nur mir selbst schade und mich in meinem Wohlbefinden behindere. Ich wechselte gedanklich zu: »Was mache ich am besten zuerst?« und strich vieles von meiner normalen »To-do-Liste«. Die eigenen Ansprüche herunterzuschrauben war ein wichtiger Schritt und noch wichtiger war, besser für mich zu sorgen und mir jeden Tag Zeit für mich zu nehmen. Ich gehe spazieren, übe Yoga und koche viel selbst. Doch in einer außergewöhnlichen Belastungssituation brauchen wir entweder weniger Belastung und/oder mehr Ausgleich. Denken Sie an Omas Küchenwaage. Sie verträgt ganz viel Gewicht, Belastung auf der einen Seite, wenn wir genug auf die andere legen, um das auszubalancieren. Da ich in dieser konkreten Situation die Summe der äußeren Belastungen nur wenig ändern konnte, habe ich also noch besser für mich gesorgt. Zum Beispiel mit guten Gedanken, mehr Pausen, mehr frischer Luft.

Der größte Kraftfresser ist aus meiner Sicht, dass wir uns selbst nicht wichtig genug nehmen, nicht gut genug mit uns umgehen. Vor allem in Überforderungssituationen wie der eben beschriebenen.

Sie zuerst, nur dann können Sie leisten, was Sie wollen und sollen. Sie zuerst, nur dann können Sie für andere da sein, ohne auszubrennen. Das eigene Leben selbst zu bestimmen, ist die Antwort für eine Zukunft, die noch bunter und noch schneller wird. Teil 3 des Buches beschäftigt sich ausführlich damit, warum das der beste Weg ist und wie er genau funktioniert.

Zu viel und zu lange vom **Falschen** für das Falsche **plus mangelnder Ausgleich** bringen noch weniger Wohlbefinden.

Was habe ich damals mit meinem freien Tag angefangen? Ich habe an diesem Buch weitergeschrieben. Das entsprach allen Kriterien für eine gute Anstrengung: Freude am Tun, angemessene Mühe und etwas schaffen, was auch für andere nützlich ist. Gutgetan hat mir dabei auch, dass ich den Ablauf des Tages ganz allein bestimmen konnte. Ich bin zu Hause geblieben und habe nicht im Büro geschrieben, weil ich nur hier ungestört war. Ich habe mich für das Schreiben und also auch für Sie, die künftigen Leser dieses Buches, schön gemacht. Denn so wie wir uns fühlen, arbeiten wir. Ich habe für mich gekocht und mir zur Belohnung einer guten Zeiteinteilung inklusive Pausen und Mittagsschlaf natürlich Schokolade gegönnt.

Kurz gesagt Es ist gesellschaftlich akzeptiert, ja erwünscht, sich zu überfordern. Wenn dies weder die erwarteten Ergebnisse noch Sinn oder Befriedigung bringt, verstärkt sich der negative Effekt.

Die täglichen Anstrengungsfallen

Nachdem ich das Thema Anstrengung nun von verschiedenen Seiten beleuchtet habe, möchte ich Ihnen die zehn häufigsten Anstrengungsfallen vorstellen, in die wir immer wieder hineingeraten. Ganz einfach, damit Sie sie kennen und ihnen ausweichen können. Diese Fallen entstehen auf drei Wegen: als Teil der aktuellen Wertekultur, als Automatismen der Gehirnarbeit oder als Ergebnis unseres individuellen Lebens. In der Regel ist immer etwas von allem dabei.

Vorgelebte Anstrengung: die Prioritätsfalle

Ich bin ein Freund von To-do-Listen. Früher war ich ein Freund von langen To-do-Listen. Parallel habe ich mich mit allen erdenklichen Techniken befasst, effizienter zu arbeiten. So habe ich die Erfahrung gemacht, dass das Prinzip, das Wichtigste oder Unangenehmste zuerst zu tun, tatsächlich funktioniert. Und ganz besonders hilfreich ist es, sich am Vorabend fünf wichtige Dinge für den nächsten Tag zu notieren und bei Erfolg durchzustreichen. Einmal habe ich an einem 90-Tage-Programm teilgenommen, bei dem es um die Erreichung eines Ziels, übrigens dieses Buches, ging. Nach der genauen Zieldefinition tat ich jeden Tag konsequent drei Dinge, die der Zielerreichung dienten. Das war superkonzentriert und wirkungsvoll. Schade, dass diese Programme immer irgendwann zu Ende gehen und der Fokus dann wieder wegrutscht.

Zu viel vom Falschen

Regelmäßig zum Ende der Woche sitze ich dann doch in einer Falle. Dann erstelle ich nämlich den Wochenplan für die folgende. Ich habe Themen gesammelt, deren Erledigung oder Zuarbeiten kontrolliert werden müssen, oder Telefonate, die eine längere Wiedervorlage hatten. Hinzu kommen unerledigte Dinge aus der zu Ende gehenden Woche und neue Aufgaben, die sich aktuell ergeben haben. Plötzlich habe ich drei Spalten und acht Zeilen, die angefüllt sind mit »Muss ich erledigen«. Die Liste ist manchmal so voll, weil ich Dinge aufnehme, die eigentlich meine Assistentin erledigt, von denen ich aber meine, es wäre besser, ich kümmerte mich selbst darum. Nachdem meine übervollen Listen mich eher belastet als unterstützt haben, wollte ich etwas ändern. Ich habe mir die Frage gestellt: »Was ist wirklich wichtig?« oder »Was geht auch anders?«

Um zu entscheiden, welche Aktivitäten Vorrang haben, sollte man sich erst einmal die Zeit nehmen zu definieren, was wichtig ist. Wohin will ich in diesem Jahr, in diesem Monat? Wenn mein Jahresziel lautet, mehr Vorträge zu halten, bekommt alles, was dafür zu tun ist, höchste Priorität. Dann sind Fachtexte für die Presse einfach unwichtiger und daher Zeiträuber. Wenn das Ziel ist, mehr zu verdienen, müssen zuerst die Anfragen bearbeitet werden, die das Geld bringen, statt die besonders sympathischen.

Neben der Frage der Wichtigkeit gilt es zu bedenken, welches Ergebnis das Tun bringt. Aktionismus ist in meiner Branche ganz normal, und ich habe dabei auch kräftig mitgemischt. Ein Beispiel: Viele Berater, Trainer und Referenten wollen ihre Arbeit in Unternehmen anbieten. Deshalb werden Geschäftsführer und Personalabteilungen mit entsprechenden Angeboten angeschrieben. Da man oft keine bekannten Ansprechpartner in den Unternehmen hat, sucht man sich die Kontakte im Internet heraus oder kauft Adressdaten. So kann man z. B. auf Adressdatenplattformen alle Geschäftsführer von Unternehmen ab 500 Mitarbeitern in der Lebensmittelindustrie in Bayern kaufen. Dann hat man 100 oder 200 Adressen, schreibt einen netten Brief und schickt ihn ab und wartet und wartet. Und wartet immer noch. In der Regel bekommt man keine Antwort, weil entweder die Adressen und Ansprechpartner nicht stimmen oder weil auf der Empfängerseite zwei, zehn oder mehr Briefe dieser Art eingegangen sind.

So eine Erfahrung kann man durchaus einmal machen, auch ein zweites Mal. Doch ich habe dies sogar noch öfter getan. Weil ich von Beratern gehört oder gelesen hatte, man müsse nur genug Briefe versenden und das Anschreiben toll genug gestalten, dann müsse nach dem Gesetz der Wahrscheinlichkeit etwas passieren.

Sie sehen, ich habe die Anstrengung gleich mehrfach über-trieben: zu viel Zeit, zu viel Geld, zu viel falsches Tun, zu viel falsche Hoffnung. Letztere tut noch dazu weh.

Wenn das, was Sie tun, **nicht das bringt,**
was Sie sich vorstellen, müssen
Sie etwas anders machen.
Wenn das, was Sie tun, nicht bringt,
was Sie sich vorstellen, und es auch
keine Freude macht, dann müssen Sie
dringend etwas anders machen.

Ich habe Ihnen zwei einfache Beispiele geschildert, wie wir uns verzetteln können, wenn wir keinen Fokus haben. Was Ihr Fokus ist, kann ganz unterschiedlich sein. Mal wird es z.B. der nächste Karriereschritt sein, um mehr Geld zu verdienen, mal, mehr Sport in den Alltag zu bringen oder Freunde in einer neuen Stadt zu finden. Wichtig ist, dass Sie es wissen, sich daran halten und nicht davon abbringen lassen. »Viel hilft viel« stimmt nämlich nicht immer. Meist kostet viel viel.

Ungenaue Ziele
Gerade bei Frauen erlebe ich oft, dass sie nicht genau wissen, was sie wollen. Oder anders gesagt: keine konkreten Ziele ha-ben. Es gab eine Zeit, da hatte jeder welche. Dann wurden sie unmodern, weil Unternehmen mit ihren Jahreszielvorgaben den Mitarbeitern eher Stress bereitet als sie unterstützt haben. Hinzu kam die Erfahrung vieler Menschen, dass sie ihre Ziele nicht erreichten. Ich kenne das auch. Ich habe meist zehn bis zwölf Ziele pro Jahr in den verschiedensten Lebensbereichen.

Ein bis zwei davon schaffe ich. Warum so wenig? Da ist ehrliche Selbstanalyse gefragt. Beispielsweise weil ich mir etwas vornehme, was nicht so wichtig ist, sagen wir, Dänisch zu sprechen. Ich verbringe regelmäßig Zeit in Dänemark und würde mich gern in der Landessprache verständigen können. Viel wichtiger ist es mir jedoch, ein Buch zu schreiben oder gut zu schlafen. Da ich nicht alles gleichzeitig erreichen kann, kümmere ich mich mehr um diejenigen Ziele, die mir gerade besonders wichtig sind. Trotzdem ärgere ich mich, wenn ich die anderen nicht auch erreiche.

Ein anderer Grund kann sein, dass Ziele einfach nicht passen oder unangemessen sind. Wenn ich seit Jahren eine Konfektionsgröße 46 hätte und mir immer wieder eine 38 vornähme, wäre es sehr wahrscheinlich, dass ich bei der Umsetzung scheitere.

Oder aber es geht um etwas ganz anderes als das formulierte Ziel. Erinnern Sie sich an meine Suche nach einer Marketingagentur? Mein Ego hat mir einen Streich gespielt. Ich hatte mehr auf Reputation geachtet, als darauf, dass die Agentur zu mir und meinen Bedürfnissen passt. Ich wollte Rundumservice, doch nur kleine Beträge bezahlen. Und ich hatte selbst keine Klarheit, was genau die Marketingagentur für mich erreichen soll. Als Unternehmer, als Auftraggeber, als Initiator müssen Sie genau überblicken, wohin die Reise geht.

Irgendwo habe ich gelesen, je genauer wir wissen, was wir wollen, umso leichter hat es der Zufall. Genauso ist es. Von Menschen, die keine Ziele definieren, höre ich andererseits gern, dass sie dem Fluss des Lebens folgen wollen, den Augenblick leben wollen. Beides wäre optimal: Ziele haben und dazu den Augenblick zu nutzen. Wir sollten wissen, was unser Optimum ist, welches Lebenskonzept das beste für uns ist. Dann treffen wir täglich bessere Entscheidungen, dann können wir das Beste machen aus dem, was uns begegnet. Sonst verzetteln wir uns, testen mal dies, mal jenes und sagen dann, das Leben meine es nicht gut mit uns. Dabei denken wir nicht vor und müssen deshalb reagieren statt zu agieren.

Ich möchte Sie ermutigen, über Ziele nachzudenken, egal, wie alt Sie sind und wo Sie stehen. Häufig haben wir noch Ziele, wenn wir jünger sind. Dann hört das plötzlich auf, oder wir beschränken uns auf Ziele für andere, z. B. bei der Arbeit oder für die Kinder. Wenn Sie vorgedacht haben, können Sie ganz anders auswählen und die täglichen Handlungen und Entscheidungen darauf abstimmen.

Bei meinen To-do-Listen habe ich rigoros den Umfang gekürzt. Ich schaue bei der Wochenplanung zuerst in meinen Kalender, wie viele Stunden ich überhaupt im Büro bin. Sind es acht Stunden, kann ich eine andere Zahl von Anrufen realisieren als in vier. Bin ich viel auf Reisen, nehme ich keine Anrufe mehr mit. Ich möchte meine Anwesenheit bei einer Veranstaltung auf diese konzentrieren und später den Anrufern meine ganze Aufmerksamkeit widmen.

Zu wissen, was wir wollen, schützt vor Überanstrengung. Um zu wissen, was wir wollen, müssen wir uns Zeit nehmen, darüber nachzudenken. Erfolg und Wohlbefinden sind ein wichtiges Unterscheidungsmerkmal zwischen Überanstrengung und sinnvollem Tun.

Kurz gesagt

Gefährlichste Anstrengung: die Verantwortungsfalle

Das Thema Verantwortung kann aus mehreren Gründen zu negativer Anstrengung führen. Drei davon habe ich für Sie ausgewählt.

Im Übereifer der Verantwortung

Mein Eindruck ist, dass wir Frauen uns gern für alles verantwortlich fühlen. Vor allem deshalb, weil wir vieles besser zu wissen und zu können meinen. Da unsere Mitmenschen in Privatleben und Arbeit die Dinge nicht so gut erledigen wie wir, tun wir es doch gleich selbst. Keiner weiß anscheinend so gut wie wir, was unsere Männer essen sollten und wie Kinder aufräumen müssten. Statistisch gesehen, ist es tatsächlich so, dass mehr Frauen Ratgeber oder Gesundheitsliteratur lesen. In allen Angeboten der Volkshochschulen zu diesen Themen sind die Frauen in der Mehrheit. Tendenziell kümmern sich Frauen eher um Beziehungsangelegenheiten. Dies kann ein Ausmaß erreichen, das eher schadet als nützt, beispielsweise dann, wenn Mütter in Patchworkfamilien sich bei Problemen oder Auseinandersetzungen zwischen die Kinder und den neuen Partner stellen. Hier gilt es zu lernen, die anderen machen und selbst Lösungen finden zu lassen.

Abgrenzung ist die wichtigste Ergänzung zum »sich verantwortlich fühlen«, damit wir uns nicht verausgaben. Dabei kann die Frage helfen: Ist es meine Angelegenheit oder seine/ihre Angelegenheit? Wenn die älter werdenden Eltern keine Haushaltshilfe für Haus oder Garten einstellen wollen, ist das ihre Angelegenheit (und Sie sollten es tunlichst lassen, die Arbeit selbst zu machen, egal, was die Nachbarn denken). Wenn der erwachsene Sohn keine Freunde hat und keine Partnerin, ist das seine Angelegenheit, auch wenn Sie noch so gerne Enkel hätten. Wenn die Kollegin immer wieder auf eine unglückliche Art mit dem Chef spricht, bekommen Sie nur Probleme, wenn Sie sich darin einmischen. Es sei denn, Sie werden um Vermittlung, Ihre Meinung oder Hilfe gebeten. Dies ist aber ganz oft nicht der Fall! Sie überanstrengen sich dann doppelt. Einmal, weil Sie versuchen, etwas zu beeinflussen oder zu ändern, was Sie nicht ändern können. Es betrifft Sie ja nicht selbst. Zum anderen, weil dieser Versuch nicht wertgeschätzt, im schlimmsten Fall sogar als Einmischung gesehen wird.

Wenn wir ganz genau und ehrlich hinschauen, geht es bei solchen Angelegenheiten meist um uns selbst. Wir schämen uns z. B. dafür, wie die Kinder/Partner/Kollegen aussehen oder was sie tun. Wir haben Sorge, dass wir den Schaden ausbaden müssen usw. Wenn dem so ist, sollten wir lieber herausfinden, was wir für unsere Bedürfnisse tun können.

Mangelnde Verantwortung für sich selbst

Vor drei Jahren musste ich mir eine Menge neue Kleidung kaufen, weil nichts mehr richtig passte. Nach einem schleichenden Prozess des Zunehmens wog ich plötzlich 70 kg, also 5 Kilo mehr als in den letzten Jahren, 8 Kilo mehr als mein Idealgewicht. Mein Gewicht und Diäten haben mich seit meiner Jugend beschäftigt. Nie war ich mit mir zufrieden, selten schlank genug. Leider halte ich mein Gewicht nicht so leicht, weil ich sehr gern esse. Essen und Trinken sind Teil meines genussvollen Lebensstils. Natürlich treibe ich Sport und kenne fast jede Diät. Mit Trennkost und dem glykämischen Index bin ich oft gut gefahren – immer bis Weihnachten. Und im Januar war wieder Abnehmen angesagt.

Mit diesem Hin und Her kam ich ganz gut zurecht, war nie extrem übergewichtig, doch vor drei Jahren eben ganz schön drall. Mein Vorteil ist, dass sich die Kilos gut verteilen, aber als ich Fotos von mir sah, war ich über meine »Hamsterbacken« erschrocken. Und nun kam der alles entscheidende Augenblick: zu reagieren oder nicht. In den Jahren zuvor hatte ich mich mit Gedanken getröstet wie: »Zunehmen ist normal, wenn man älter wird« oder »Ich habe es satt, immerzu Diäten zu machen« oder »Mein Partner hat auch einen Bauch bekommen«. Ich habe nach Erklärungen und Entschuldigungen gesucht, warum ich nicht eingreife. Und ich war wirklich müde von den Diätanstrengungen. Ein halbes Leben immer wieder Hunger zu haben ist nicht angenehm. Doch ich habe damit die Verantwortung für mich und meine Figur abgegeben.

Und so passiert das auch bei anderen Themen. Wer kümmert sich um Ihre Finanzen? Ein Bankberater, Ihr Mann, Bruder oder Vater? Es sind doch Ihre Finanzen! Und jeder kann lernen, die grundlegenden Mechanismen der Geldanlage zu verstehen. Frauen sagen oft »Geld ist nicht so wichtig« und rackern sich trotzdem dafür ab. Da stimmt doch etwas nicht.

Geld ist wichtig und wunderbar. Wir tun viel, damit wir es verdienen, also sollten wir unseren Respekt auch dadurch zollen, dass wir planvoll und klug damit umgehen. Ich höre immer wieder, dass Frauen bei Scheidungen feststellen, dass der Mann sich verspekuliert oder Schulden gemacht hat. Der Vorwurf an ihn ist nur ein Teil der Wahrheit. Wenn sie nicht nachfragt, nicht involviert ist und nicht mitdenkt, ist das der andere Teil.

Unser Körper und unser Geld sind zwei der wichtigsten Bereiche in unserem Leben. Doch auch in anderen überlassen wir viel zu oft Dritten das Feld. Wenn uns jemand ärgert, dann lassen wir das zu – oder eben nicht. Wenn wir Probleme nicht lösen können, nützt es nichts, abzuwarten. Wir müssen uns Hilfe holen. Wenn der Chef uns nicht fördert, müssen wir aktiv werden und anderswo Unterstützung suchen. Für das, was uns wichtig ist, müssen wir uns selbst einsetzen. Mindestens so sehr, wie wir es ganz selbstverständlich für andere tun.

Deshalb habe ich bezüglich meines Gewichts damals gehandelt und meine Wunschform erreicht. Dafür habe ich meine Überzeugungen zum Thema Essen infrage gestellt und von einer herzhaften, kühlen, eiweißbetonten Ernährung zu einer warmen, milden, asiatischen mit mehr Gemüse gewechselt. Außerdem habe ich täglich mental gearbeitet, vor allem aber schlechte Gewohnheiten wie das »Zwischendurchnaschen« oder unaufmerksames Essen durchbrochen. Dazu gehörte auch mindestens eine Stunde Sport pro Tag für die kleinen Muskeln. Das ist ein großer Aufwand, aber er ist es mir wert. Weil es um meinen Körper geht, von dem ich viel erwarte.

Das heißt nicht, dass wir alles selbst machen müssen. Haushaltshilfen, elektronische Erinnerungen, virtuelle Assistenten sind sehr nützlich. Wir steuern sie zu unserem Wohl.

Die Führungsgefahren der Frauen

»Anstrengung: Substantiv, feminin«, so beginnt der Duden seinen Eintrag. Offen gestanden fiel mir beim Lesen das erste Mal auf, dass »Anstrengung« ein weibliches Wort ist. Aus der Herzkreislaufforschung wissen wir, dass Männer eher durch Probleme bei der Arbeit krank werden, Frauen durch Probleme in sozialen Beziehungen. Bei Letzteren sind die Angriffsflächen deutlich vielfältiger als bei Ersteren. Zum einen ist die Arbeitszeit begrenzt, die Beziehungszeit nicht. Zum anderen ist die Sozialisation von Mädchen deutlich mehr auf die Orientierung an Dritten ausgerichtet: Geht es allen anderen gut, dann bist du richtig, danach erst bist du dran.

Von allen Seiten werden wir im Laufe des Lebens beraten, wie wir unsere vielen Rollen nicht nur erfüllen, sondern übererfüllen können. Das kann eine durchaus lustvolle Erfahrung sein, doch im Privat- und Berufsleben steigt mit der Chance auf Selbstbestimmung die Notwendigkeit des Schutzes vor Überforderung. Denn Führungsarbeit kostet die Gesundheit, speziell bei Frauen. Die Klischees stimmen, sagt eine Studie des Marktforschungsinstituts Europressedienst Bonn.

Für Führungsfrauen ist es in Deutschland nach wie vor schwerer, Karriere zu machen. Dabei leisten sie oft mehr als Männer und werden dafür schlechter bezahlt. Hilfe durch direkte Vorgesetzte erhalten nur knapp 30 Prozent der Frauen. Das ist Stress pur, krank machender Stress. Jede zweite Managerin hatte Verspannungen, Kopfschmerzen, Migräne, Schlafstörungen, Nervosität oder Magen-Darm-Probleme.

Nur 40 Prozent der Frauen sind in der Lage, den Beruf am Wochenende loszulassen. Es fehlt an Zeit für Erholung und Selbstfürsorge. Mit Medikamenten versuchen Frauen, Ausfälle wegen Krankheit zu vermeiden, Denn ihnen begegnet bei Erkrankung nicht nur die Verständnislosigkeit der Kollegen, sondern auch die der Familien.

Die »SHAPE-Studie« hat sich mit dem Thema Managerkrankheit befasst. Demnach haben männliche Manager tendenziell weniger körperliche Beschwerden als der Durchschnittsmann. Weibliche Führungskräfte klagen jedoch deutlich häufiger als der Durchschnitt über körperliche Beschwerden. Weibliche wie männliche Führungskräfte sind signifikant häufiger erschöpft. Auch leiden männliche und weibliche Führungskräfte häufiger an chronischem Stress durch Arbeitsüberlastung, soziale Überlastung und Erfolgsdruck.

Wir leben in einer Gesellschaft der Maximierung, des Perfektionismus, der Selbstausbeutung. Wann ist gut jemals gut genug? Wann können wir noch zufrieden sein? Unerreichbare Maßstäbe sind Normalität geworden, und wir machen alle mit. Die Tatsache, dass Frauen im Beruf mehr Leistung erbringen, hat auch etwas mit unseren Ansprüchen an uns selbst zu tun.

Führungsfrauen haben die Lösungen selbst in der Hand. Ihr beruflicher Optimismus führt zu besseren Leistungen schon im Studium. Sie halten eher durch und bestehen die Examen der Uni und des Lebens. Unternehmerinnen bewerten die eigenen unternehmerischen Perspektiven optimistischer als männliche Entscheider im Mittelstand: 51 Prozent sagen, die Entwicklung des eigenen Unternehmens »wird besser«, bei den Männern in mittelständischen Unternehmen sind es 35 Prozent, wie der Verband Deutscher Unternehmerinnen ermittelte.

Entsprechend sagen in der TK-Stressstudie 52 Prozent der Frauen und nur 43 Prozent der Männer, sie seien »sehr zufrieden«. Jeder zehnte Mann zweifelt an seinem Leben, bei Frauen sind dies nur 4 Prozent. Es muss also einen Ausgleich geben, für den Frauen erfolgreich sorgen. Ich gehe davon aus, dass es ein Kaleidoskop an Maßnahmen und Fähigkeiten ist: ein besserer Kontakt zum Körper und den eigenen Bedürfnissen, konsequentere körperliche und geistige Vorsorge, ein tendenziell gesünderer und bewussterer Lebensstil sowie die stärkere Nutzung sozialer Kontakte.

Gefährliche Anstrengung versteckt sich gern hinter zu viel Verantwortung für andere und zu wenig für uns selbst. In Kombination mit übertrieben hohen Erwartungen an uns selbst schadet das Gesundheit und Wohlbefinden.

Kurz gesagt

Unsichtbare Anstrengung: die Maßlosigkeitsfalle

Ich checke aus meinem Hotel aus, habe gut geschlafen und starte wohlgelaunt in den Tag. Die Rezeptionistin fragt mich: »War alles zu Ihrer Zufriedenheit?«. Anders als sonst nehme ich mir einen Augenblick Zeit, um über diese Frage nachzudenken.

Zufriedenheit kann ich an dem messen, was ich erwartet habe. Aber Erwartungen haben so ihre Tücken. Auf der einen Seite nehmen wir nur das wahr, was genau diesen Erwartungen entspricht. Gleichzeitig verhalten wir uns entsprechend, sodass kaum etwas anderes eintreten kann. Wenn ich zum Beispiel in ein Kaufhaus gehe, von dem ich annehme, dass es nur kleine Modelgrößen anbietet, werde ich nur diese sehen und gar nicht erst nach größeren fragen. Wenn ich erwarte, dass der Chef heute bestimmt wieder schlechte Laune hat, werde ich nur seinen strengen Blick sehen und mich schon in Erwartung der Begegnung schlecht fühlen.

Genauso beim Hotel. Ich mache mir schon bei der Auswahl Gedanken. Die Lage sollte so sein, dass ich schnell zu meinen Terminen gelange, und ich mag kleinere, individuelle Hotels mit Sinn für Details. Ich treffe eine andere Wahl, wenn das Hotel vor allem preisgünstig sein soll, als wenn ich schicke Möbel um mich haben möchte.

Unbemerkt steigende Ansprüche

Wissen Sie noch, wie viel (weniger) Sie vor 15 Jahren verdient haben? Erinnern Sie sich an Ihre erste Studentenunterkunft? Sie lebten vielleicht in einem Hinterhof mit Toilette auf dem Gang und waren glücklich? So vieles in unserem Leben wird besser, und wir übersehen das.

Meine ersten Reisen waren eher von der Freude bestimmt, etwas zu unternehmen und Neues zu entdecken, als von der Frage, wie das Hotel oder das Zimmer aussieht. Heute reise ich sehr viel und sehe viele Hotels. Ich habe ein anderes Bezugssystem, weil ich einen großen Teil meines Lebens in Hotels verbringe, sodass Wohlbefinden und Komfort eine andere Gewichtung bekommen haben. Hatte ich mit 20 noch nie ein Fünf-Sterne-Haus erlebt, kenne ich heute einige davon. Ich habe mich an Annehmlichkeiten wie einen Bademantel, eine gratis Flasche Wasser, schön dekorierte Räume oder Ähnliches gewöhnt. Gewohnheiten haben es an sich, dass wir uns ihrer kaum bewusst sind. Doch sie wirken. Reise ich heute in einem neuen Hotel an, habe ich sie mit im Gepäck und nehme ein

Fehlen lieb gewordener Details als unangenehm zur Kenntnis. Es ist schade, dass Extras auf diese Weise zu Selbstverständlichkeiten werden, weil wir sie dann gar nicht mehr beachten und uns erst recht nicht bewusst daran freuen. Ihr Fehlen kann uns sogar die Laune verderben.

In einem Experiment wurde untersucht, wie viele Dinge Studenten ihr Eigen nennen, von denen wir meinen, dass sie glücklich machen. Es waren etwa 1,7. Die Studenten wurden auch gefragt, wie viele Dinge sie glaubten haben zu müssen, um richtig glücklich zu sein. Im Schnitt waren das 3,1. 20 Jahre später wurden eben diese Personen wieder gefragt, Dieses Mal hatten sie 4,4 und meinten, 5,6 haben zu müssen für das »richtige Glück«. Wir verschieben unsere Ansprüche immer weiter nach oben und vergessen dabei, zufrieden zu sein und zu sehen, was wir schon haben. Wenn wir so leben, können wir nicht anhaltend glücklich sein.

Die Art, wie wir vergleichen, ist nicht objektiv, sondern subjektiv, und oft fällt ein Vergleich zu unseren Ungunsten aus. Von glücklichen Menschen weiß die Forschung, dass sie seltener vergleichen, insbesondere dann, wenn sie nicht gut dabei abschneiden würden. Es gibt nämlich immer noch einen Menschen, der intelligenter, reicher, schlanker, netter ist als wir. Das Vergleichen erzeugt einen Konkurrenzdruck, der uns hetzen und kämpfen lässt, was meistens auch noch völlig aussichtslos ist, wie z. B. bei der Wunschfigur. Da messen wir uns an »früher« oder computeranimierten Idealen, die nicht nur unerreichbar sind, sondern uns ständig unglücklich machen. Zehn Jahre später wären wir dann froh, wenn wir den Körper von heute hätten.

Selbst wenn wir scheinbar objektive Maßstäbe wie Referenzwerte und Empfehlungen von Ärzten als Bezug nehmen, sollten wir beachten, dass sich diese auch immer wieder ändern.

Zum Beispiel werden die Werte bei einem als noch gesund geltenden Blutdruck, Blutzucker oder Gewicht immer weiter nach unten korrigiert. Bei positiven Charaktereigenschaften oder Verkaufszahlen in Unternehmen hingegen nach oben. So »genügen« immer weniger Menschen. Gelöst werden Probleme wie Übergewicht, Bluthochdruck oder Kundenzufriedenheit dadurch natürlich keineswegs.

Zu einer neuen Dimension des Vergleichens verführen uns die Social Media. In Dänemark wurde das Facebook-Experiment durchgeführt. Dabei wurde untersucht, wie es Menschen geht, die Facebook regelmäßig nutzen, und anderen, die eine Woche Pause machen. Facebook ist ein permanenter Strom von geschönten Informationen über das Leben anderer, und die Gefahr besteht, dies für das Normale zu halten und sich im eigenen weniger außergewöhnlichen Leben schlecht zu fühlen.

Nach einer Woche ohne Facebook empfand die Kontrollgruppe deutlich mehr Lebenszufriedenheit, mehr Glück, weniger Traurigkeit und Einsamkeit. Ihre sozialen Aktivitäten nahmen zu und sie waren zufriedener mit ihrem Sozialleben. Menschen, die bei Facebook sind, haben eine 55 Prozent größere Wahrscheinlichkeit, gestresst zu sein. Das Fazit der Autoren war: Statt uns darauf zu konzentrieren, was wir selbst brauchen, konzentrieren wir uns darauf, was andere Menschen haben. Die Währung, in der wir dafür zahlen, ist Wohlbefinden.

Negatives Denken ist ein Massenphänomen unserer Zeit geworden und basiert auf einem Automatismus unseres Gehirns. Er wird das »katastrophische Gehirn« genannt. Unser Gehirn merkt sich bevorzugt Probleme und achtet besonders auf Gefahren. Wir erinnern uns am Tagesende eher an das nicht Erledigte als an das Erledigte, an ein Telefonat, das uns gekränkt hat, als an die gelungenen Dinge. Wir benötigen richtig viel geistige

Kraft, um bewusst gegenzusteuern, und diese Kraft haben wir oft nicht. Besonders abends, wenn wir müde vom Tag sind.

So ist das auch beim Auschecken aus dem Hotel. Meist sagen wir nur, was uns gestört hat, was kaputt ist oder besser sein könnte. Nun könnten Sie einwenden, dass sich sonst ja auch nichts ändern würde. Die quietschende Tür oder die tropfende Dusche sollte repariert werden. Das stimmt. Dennoch sollten wir die Relationen im Auge behalten: Die reparaturbedürftigen Dinge erwähnen, uns aber auch an den vielen Dingen freuen, die funktionieren. Den Blumenstrauß aus echten Blumen sehen und das besonders große Bett genießen – und auch das vielleicht einmal aussprechen.

Genau diese Überlegungen führten mich dazu, der Rezeptionistin zu sagen, wie sehr ich die liebevoll gestalteten Räume genossen habe, dass die Gardinen super zu den Kissen passen und das neue Bett wirklich sehr bequem war. Die Antwort hat mich nur einen Augenblick bewusster Reflektion gekostet und mir und ihr einen guten Tag geschenkt.

Endlose Lust auf Leistung

Es geht auf 15 Uhr zu, bald ist Feierabend. Doch statt mich zu freuen, werde ich nun erst richtig nervös. So vieles ist noch nicht erledigt, die Stapel stapeln sich immer noch, die E-Mails laufen mal wieder über und der Gedanke liegt nahe: »Nur noch einmal richtig die Ärmel hochkrempeln, dann ist es geschafft.« Aber das ist ein Irrtum. In der Welt, in der wir heute leben, kann niemand mehr allen Aufgaben gerecht werden, und zwar nicht, weil wir uns nicht genug anstrengen oder zu schlecht organisiert sind, sondern weil es zu viele Aufgaben sind – immer und überall. Es gibt kein »geschafft« mehr, gerade in Büroberufen. Ist eine E-Mail beantwortet, kommt die nächste. Ist ein Projekt abgeschlossen, steht ein anderes an. Ist ein Ziel erreicht, folgt das nächste, anspruchsvollere. Wir halten kaum inne, um wertzuschätzen, was wir geschafft haben, um zu sehen, was wir leisten.

In Vorträgen stelle ich gern die Frage nach den Erfolgen dieser Woche. Oft folgt ein längeres Nachdenken, bevor jemand etwas schreibt. Das liegt zum einen daran, dass wir so viel auf der Tagesordnung haben, dass wir uns gar nicht daran erinnern. Zum anderen hängt die Messlatte für »Erfolg« viel zu hoch. Sie sind unfallfrei zur Arbeit gekommen, die Kinder haben Schulbrote dabei und Sie haben ein Teammeeting gut vorbereitet. Das ist selbstverständlich? Ja und nein. Ja, weil Sie dies leisten. Nein, weil es ja erst einmal organisiert und geleistet werden muss. Wir laden uns immer mehr auf, treiben Maßstäbe stillschweigend immer höher und nehmen dies nicht wahr.

Dieser Zustand führt zu körperlichem und seelischem Unbehagen, denn erzogen wurden wir anders. Die Tugenden, mit denen wir groß geworden sind, waren: eine Aufgabe gewissenhaft und ordentlich machen, Dinge zu Ende bringen, andere zufriedenstellen. Etwas liegen lassen ist schlecht, etwas unvollendet lassen »tut man nicht«. Heute müssen wir gegen solche Werte oder unseren Wunsch nach Anerkennung durch perfekte Leistung leben.

Hier kommt noch einmal der Zeigarnik-Effekt ins Spiel: Sie gehen am Abend erschöpft und unzufrieden nach Hause. Dabei haben Sie das Gefühl: »Wo ist nur dieser Tag hin, ich habe doch gar nichts geschafft.« Unerledigte Dinge lassen uns gedanklich nicht los, und wir fühlen uns unwohl damit.

Inzwischen wissen wir zwar, dass »Multitasking« nicht funktioniert, aber wir versuchen es trotzdem immer wieder. Eine Konsequenz ist, dass wir Dinge nicht mehr eins nach dem anderen zu Ende bringen, sondern hin und her springen. Am Ende erledigen wir scheinbar nicht genug und ärgern uns über uns.

Zum maßlosen Leistungsanspruch gehört auch das Gefühl, »nicht genug« von etwas zu haben. Nicht genug Zeit zum Beispiel. Dieser scheinbare Mangel führt automatisch zu einem Gefühl von negativem Stress, und dieser erzeugt den so genannten »Tunnelblick«. Das heißt, wir konzentrieren uns auf das Problem statt auf die Lösung. Beobachten Sie einmal, wie oft Sie an einem Tag, an dem Sie glauben, nicht genug Zeit zu haben, denken: »Wie soll ich das nur schaffen?« oder »Wieso habe ich nur so viel zu tun?«. Dabei vergeht kostbare Zeit, und die damit verbundenen negativen Gefühle schränken Ihre Leistungsfähigkeit ein. So schaffen Sie einen Teufelskreis. Aus dem Gefühl von Zeitmangel und damit einhergehender Hilflosigkeit heraus werden Sie sich noch mehr anstrengen, noch schneller arbeiten. Sie sind jedoch unkonzentrierter, oberflächlicher und machen mehr Fehler. Das führt später dazu, dass Sie das Ausmerzen der Fehler wieder Zeit kostet und so weiter.

Besser wäre es, sich vor Augen zu führen, dass Sie sich mit dem Mangelgefühl selbst unter Druck setzen. Identifizieren Sie lieber das Wichtigste. Das, was Sie genau jetzt tun können.

Dabei hilft auch ein kleines Zeitexperiment: Eine Stunde hat 60 Minuten. Zählen Sie einfach einmal die 60 Sekunden einer Minute mit und spüren Sie, wie viel das ist. Oder stellen Sie einen Wecker auf fünf Minuten, schließen Sie die Augen und warten Sie die Zeit ab. Sie wird Ihnen endlos lang erscheinen. Die Zeitwahrnehmung ist absolut subjektiv und immer von unserem Befinden abhängig.

Je besser Sie für sich sorgen, je mehr Wertschätzung Sie selbst Ihrer Leistung entgegenbringen, umso wohler fühlen Sie sich und umso leistungsfähiger sind Sie. Dies ist die beste Lust auf Leistung durch selbst geschaffene positive Kreisläufe.

Wir verschieben unsere Ansprüche immer weiter nach oben und laden uns immer mehr auf. Weil wir uns ablenken lassen von dem, was wir tatsächlich brauchen, und kaum wertschätzen, was wir sind, haben und leisten.

Verführerische Anstrengung: die Glücksfalle

»Das Recht auf Glück« ist nicht etwa der Slogan eines neuen Ratgeberbestsellers, sondern war das Motto der Berlinale 2016. Es gibt ein Ministerium für Glück und Wohlbefinden, Glücksschulen und Glücksseminare mit 200 000 Treffern bei Google. *Die 10 Geheimnisse des Glücks* und *Glück kommt selten allein* seien als Vertreter der Glücklichmachbücher genannt. Ihnen folgen *Das Anti-Glücksbuch* oder *Fuck Happiness*, die Presseberichte über das »Ende des Positiven Denkens« oder die Aufforderung, seinen Ärger rauszulassen. Jede Bewegung hat auch eine Gegenbewegung. Manchmal frage ich mich allerdings, was die Mahner wider das Glücklichsein dazu bewegt, die Glücksforschung so anzugreifen. Zumindest die Positive Psychologie hat nie den Anspruch formuliert, dass jeder Mensch glücklich sein muss und das immer und überall. Es ging und geht ihr um die Verbesserung von Lebensqualität, vor allem mit der Möglichkeit des eigenen Einflusses. Zwar erlebe ich immer häufiger Menschen, die in einer schlechten Phase sind, Ängste oder Sorgen haben und selbst etwas unternehmen wollen. Doch offenbar fühlen sie sich durch diese Möglichkeit zur Eigeninitiative, die gleichzeitig auch eine gesellschaftliche Anforderung ist, eher unter Druck gesetzt als befreit. Wichtig wäre, dass wir Eigeninitiative nicht als Bedrohung, sondern wirklich als Möglichkeit ansehen, und gleichzeitig zu realisieren, dass wir auch eine Eigenverantwortung für uns tragen. Es hat uns nur niemand beigebracht, wie wir

Gutes für Geist und Körper, Gesundheit und Leistungsfähigkeit tun. Zu oft sind wir noch der Denkweise des Industriezeitalters verhaftet, die Menschen als Maschinen betrachtete und das Funktionieren als normal ansah. Notfalls wurde gewartet und repariert. Vorsorge oder Verbesserung von Möglichkeiten spielten kaum eine Rolle.

Wenn nun aber einerseits die Erwartung an das Glück immer weiter wächst, wir uns andererseits selbst aber nicht zur Wahrnehmung der Möglichkeiten befähigen oder in Routinen und Gewohnheiten hängen bleiben, ist Enttäuschung vorprogrammiert. Vor allem dann, wenn die Erwartungen völlig übersteigert sind und Luxuscharakter erreichen. Dann kann die erlebte Differenz zwischen Chance und Realität unglücklich machen.

Ein anderer Aspekt der Glücksfalle ist, dass es im Alltag so viele Situationen gibt, in denen wir entscheiden, welchen Anspruch wir an unser Wohlbefinden haben. Ich finde, es sollte in diesem Zusammenhang der höchste sein. Dies müsste allerdings zur Konsequenz haben, dass ich auch alles, was nötig ist, dafür tue. Neben dem Formulieren von Wünschen und Zielen geht es darum, die zum Ziel führenden notwendigen Handlungen zu planen und, am wichtigsten, sie umzusetzen. Und dann hartnäckig dranzubleiben.

Positives Denken heißt nicht, negative Gefühle oder Tatsachen zu ignorieren oder sich schönzureden. Das Unterdrücken von negativen Erfahrungen und damit verbundenen Gefühlen kann sogar krank machen. Sie sind ein wichtiger Hinweis, dass etwas für uns nicht stimmig oder nicht verarbeitet ist.

Ist es im Privatleben schon ein Balanceakt, Möglichkeiten für Glück und Wohlbefinden zu sehen und dann auch tatsächlich zu nutzen, ist es bei der Arbeit noch viel ungewohnter.

Mode oder Kulturwandel? Glück bei der Arbeit

Mit dem Online-T-Shirt-Händler »Spreadshirt« fing alles an, re-searchgate hat sie, Jimdo und Billiger-Mietwagen.de haben sie: die Feelgood-Managerin. Es folgte ein Mann in dieser Position bei der UNIQU GmbH. Mit einem kleinen Lächeln mag so man-cher die hitzigen Debatten über Sinn und Unsinn dieser Stel-lenbeschreibung verfolgt haben.

Was hat denn Wohlbefinden mit Arbeit zu tun? Das ist doch etwas für die Freizeit, höre ich immer wieder in Unternehmen, wenn es um Investitionen in die Mitarbeiter geht. Rein arbeits-rechtlich gesehen, scheinen diese Stimmen recht zu haben. Die Fürsorgepflicht des Arbeitgebers erstreckt sich zwar auch auf den Schutz von Leben und Gesundheit, doch meint dies eher die zur Verfügung gestellten Arbeitsmittel und die Arbeitsum-gebung. Allerdings muss der Arbeitgeber den Arbeitnehmer zum Beispiel auch vor Überanstrengung bewahren. Das Haupt-interesse liegt aber auf der Sicherstellung der Betriebsabläufe im Interesse des Unternehmens, nicht des Einzelnen.

Haben Sie den Begriff Arbeit schon mal im Word-Thesau-rus eingegeben? Da erscheinen als erste Synonyme die Worte »Plage« und »Schwierigkeit«. In keinem anderen Land der Welt wird Arbeit als so belastend empfunden wie in Deutschland. »Die Arbeit« gewinnt jede Stressumfrage. Allerdings folgen auf Platz 2 die eigenen Ansprüche an uns selbst. Eine gesellschaft-lich geförderte Haltung der Selbstüberforderung, die wider-spruchslos akzeptierten Maßstäbe einer Hochleistungsgesell-schaft und die Duldung eines fremdbestimmten Stresslebens runden unsere Haltung gegenüber der Arbeit ab: Last und Frust statt Lust und Genuss.

Es ginge auch besser: In einer Meta-Analyse der Psychologin Sonya Lyubomirsky zu den Auswirkungen von Wohlbefinden auf die Arbeit fand ihr Forschungsteam, dass glückliche Arbeitnehmer positiver eingeschätzt werden, produktiver sind und weniger kontraproduktives Verhalten wie Mobbing zeigen. Sie sind zufriedener mit der Arbeit und haben weniger Burnout. Sie haben eine bessere Arbeitsqualität, Zuverlässigkeit und Kreativität, setzen sich höhere Ziele und arbeiten effizienter. Eine gute Stimmung im Unternehmen ist direkt korreliert mit Produktivität, weniger Fehlzeiten, weniger Fluktuation und Konflikten mit anderen Kollegen. Die Arbeitsleistung kann sogar signifikant besser durch das Wohlbefinden als durch die Zufriedenheit mit dem Job vorhergesagt werden. Deshalb haben sich bislang Personalabteilungen, Betriebsärzte und Abteilungen des betrieblichen Gesundheitsmanagements um die Gesundheit und das Engagement von Mitarbeitern gekümmert. Mit den Wohlfühlmanagern soll nun eine bislang brachliegende Ressource genutzt werden. Doch nach meinem großen Loblied auf das Thema Wohlbefinden bei der Arbeit, hier nun einige Warnungen:

Ein Wohlfühlmanager kann schlechte Führung nicht ausgleichen. Es bleibt oberstes Führungsgebot, sich um die Menschen im Unternehmen zu kümmern. Auch wenn es die meisten Führungskräfte nicht gelernt haben, ist die heutige Welt eher eine Welt der Menschen als der Dinge. Wenn eine Maschine ausfällt, ist das teuer und unangenehm. Wenn die beste Fachkraft ausfällt, ist es viel schlimmer.

Der Ruf nach Wohlbefinden kann neuen Stress auslösen. Niemand ist jeden Tag gleich gut drauf. Das Bewusstsein, nun auch noch neue Erwartungen erfüllen zu müssen, könnte eine neue Last sein. Sport und Spiel machen Spaß, bringen aber auch neuen Leistungsdruck. Selbst wenn das Prinzip der Freiwilligkeit gilt, kann Gruppendruck dieses zunichtemachen.

Niemand ist für unser Wohlbefinden zuständig, außer uns selbst. Was bereits von zahlreichen Maßnahmen zum Gesundheitsmanagement bekannt ist, wird auch hier gelten: Es besteht die Gefahr, dass sich Mitarbeiter »bespaßen« lassen, ihre Ansprüche immer höher schrauben und trotzdem nie zufrieden sind. Die Eigenverantwortung wird in dem Maß verloren gehen, wie sie dem Einzelnen abgenommen wird.

Das Thema Wohlbefinden bei der Arbeit wird sein, was jeder für sich daraus macht. In jedem Fall werden einzelne Aspekte zur Verbesserung des Wohlbefindens immer nützlich sein. Zum Beispiel der Einsatz der eigenen Stärken und psychischen Ressourcen.

Ressourcen neu entdecken

Sie kennen den Begriff Ressource aus der Umgangssprache als Quelle oder Mittel. Dabei geht es um Boden- oder Rohstoffressourcen, materielle oder immaterielle. In der Volkswirtschaftslehre dreht es sich um Produktionsfaktoren wie Arbeit, Rohstoffe oder Ausbildung, in der Betriebswirtschaft stehen finanzielle, aber auch technologische, physische, organisatorische und humane Ressourcen im Fokus. Die Arbeitspsychologie befasst sich mit Ressourcen zur Erreichung von persönlichen und beruflichen Zielen, wozu neben Zeit physische, psychische, emotionale und soziale Ressourcen gezählt werden.

Erst in den 1950er- bis 1970er-Jahren begann die Wirtschaftswissenschaft, sich mit dem »Humankapital« als Produktivitätsfaktor zu beschäftigen. Der Fokus lag dabei auf dem Wissen und der Ausbildung der Mitarbeiter. In der psychologischen oder auch soziologischen Betrachtung von Ressourcen geht es heute um Talente, Charaktereigenschaften, geistige Haltung und Gesundheit. Um die Jahrtausendwende begann die Positive Psychologie, als Wissenschaft eines gelingenden Lebens, sich mit Charakterstärken und deren Potenzial als Ressource zu beschäftigen.

Ein Grund für mich, den Ressourcenbegriff zu übernehmen,

ist, dass wir mit etwas aktuell Verfügbarem arbeiten. Wir stützen uns auf das, was da ist, also ohne Vorbereitung, Schulung oder Ähnliches, was die Anstrengung beim Einsatz reduziert.

Der Einsatz der eigenen mentalen Ressourcen zahlt in das Wohlbefinden bei der Arbeit ein. Die Forschung zeigt, dass Menschen, die Freude an höheren Zielen haben, aktiver, engagierter und motivierter sind. Sie sind zufriedener mit der Arbeit, fühlen sich besser und sind gesünder. Die Produktivität steigt und wird stabiler.

Theorien, die mich überzeugen, unterlege ich gern mit praktischen Erfahrungen. So nutze ich bei meiner Tätigkeit als Referentin jede Möglichkeit, Menschen zu befragen, welche psychischen Ressourcen sie bei der Arbeit einsetzen. Gibt es einen Favoriten? Gibt es etwas, was immer hilft? Setzen sie ihre Ressourcen bewusst ein? Auf zahlreichen Fragebogen zu der Frage »Was ist die wichtigste Ressource (von einer Reihe vorgeschlagener) für das bisherige Arbeitsleben?« fanden sich nicht nur eine, sondern vier bis fünf angekreuzte Antworten!

Man könnte nun vermuten, dass viele Menschen einfach nicht richtig lesen, ehe sie antworten. Ich hingegen glaube, wir haben so viel Potenzial, so viele Ressourcen, dass wir uns nicht entscheiden können. Die Fragebogenteilnehmer spiegeln auch die Freude an dieser Selbstreflektion. Viele sind überrascht, dass sie so viele Ressourcen haben. Natürlich gibt es auch Zweifel daran, ob stimmt, was man über sich denkt.

In Zusammenarbeit mit FOCUS führte ich 2014 die bislang größte Online-Umfrage zum Thema Stärken durch. 1270 Leserinnen und Leser nahmen teil und wurden nach ihren psychischen Ressourcen bei der Arbeit befragt. 700 Klicks hatte die Umfrage bereits am ersten Tag. Ein klares Zeichen dafür, wie wichtig das Thema vielen Menschen ist, und dass viele von ihnen bereit sind, sich bei ihrer Arbeit anders einzubringen. Und dass es einen großen Bedarf und eine große Bereitschaft gibt, sich auf eine neue, genussvolle Weise für die Arbeit zu engagieren. Als klare Spitzenreiter gingen übrigens Neugier (Platz 1) und Freundlichkeit (Platz 2) aus der Onlinebefragung hervor.

Genuss bei der Arbeit scheint unvorstellbar
Am unteren Ende der Liste rangierten Dankbarkeit und Genussfähigkeit. Nach Jahren der Überforderung scheinen wir uns Genuss bei der Arbeit kaum mehr vorstellen zu können. Dabei wird es genau darauf künftig ankommen.

Genuss verbinden wir mit Schokolade, Wein oder einem guten Essen. Doch im Zusammenhang mit Arbeit trauen wir uns kaum, daran zu denken. Auch Dankbarkeit ist uns in Bezug auf unsere Arbeit häufig fremd. Das ist sehr schade, denn hätten wir sie, könnten wir ganz anders agieren. Viele Menschen haben ihre Arbeit bewusst gewählt oder bleiben bewusst bei ihr. Selbst wenn es nur für ein gutes Gehalt wäre, könnten sie dafür dankbar sein.

Alles und **nichts selbstverständlich**
zu nehmen ist die **Lösung**,
die jeden Tag und unter allen Umständen
Wohlbefinden bringt.

Dass Sie eine Arbeit haben, ist relativ selbstverständlich, dass Sie gesund sind, vielleicht auch. Doch andererseits auch wieder nicht. Denn genau diese Arbeit mit ihren guten Seiten zu haben und so umfassend gesund zu sein, ist besonders. Oft tun Sie ja auch etwas dafür, dass es so ist und bleibt. Der dankbare Blick auf die Dinge führt sofort zu Wohlbefinden und darf uns daher in der Arbeitswelt häufiger begleiten.

Dafür müssen wir Dankbarkeit lediglich bewusster nutzen. Statt sich ändernden Bedingungen für Glück und Wohlbefinden hinterherzujagen, könnten Sie jetzt sofort Ihre Lieblingsstärke – z. B. Mut, Freundlichkeit, Dankbarkeit, Genussfähigkeit, Neugier, Optimismus oder Humor definieren, an der Sie sich immer, überall und sofort erfreuen können. Ich persönlich setze auf Genuss: Genuss bei der Arbeit kann jeder wiederentdecken oder sogar lernen.

Die Erwartung von unermesslichem Dauerglück kann uns genauso Wohlbefinden kosten wie das Unterdrücken negativer Gefühle oder die fehlende Wahrnehmung der eigenen Verantwortung für Wohlbefinden in Privat- und Berufsleben.

Kurz gesagt

Automatische Anstrengung: die Stressfalle

Haben Sie Stress oder er Sie oder beide sich? Wir sprechen nicht nur ständig darüber, was uns stresst, wir fühlen uns vor allem sehr schnell gestresst.

Ich verfolge zahlreiche Studien rund um Stress und Wohlbefinden. Dabei ist mir aufgefallen, dass verhältnismäßig selten positive Fragen gestellt werden, wie z. B. im Stressreport der Techniker Krankenkasse 2013, ob die Arbeit Freude bereitet. Die meisten Fragen sind Belastungsfragen. Im DGB-Index der Gewerkschaften 2012 kommen sogar nur negative Fragen vor, zum Beispiel: »Wie oft ist es in den letzten vier Wochen vorgekommen, dass Sie sich nach der Arbeit leer und ausgebrannt gefühlt haben?« Wenn 44 Prozent der Befragten antworten: »Sehr häufig oder häufig«, ist das immer noch eine Minderheit. Doch in der medialen Berichterstattung heißt es dann, dass die deutschen Beschäftigten leer und ausgebrannt sind.

Wird nach den häufigsten Gründen für arbeitsbedingten Stress gefragt, z. B. die Menge der Stunden, fehlende Gestaltungsmöglichkeiten oder Umstrukturierung, werden Antwortmöglichkeiten vorgegeben, die wir schon gelesen oder gehört haben. Besteht hier nicht die Gefahr, dass wir sie bejahen, weil wir sie wiedererkennen und weil es gar keine Alternativen in den Fragen gibt? Zum Beispiel die Frage, durch welche Stärken oder Umstände wir gut und gerne arbeiten.

Wenn die IG Metall Stress am Arbeitsplatz untersucht, gibt es auf die Frage »Bringt Sie Stress am Arbeitsplatz an die Grenzen der körperlichen und seelischen Belastung?« die Antwortmöglichkeiten »so gut wie nie«, »hin und wieder«, »oft und immer«. Es wird nicht nur impliziert, dass jeder belastenden Stress bei der Arbeit hat, sondern es gibt gar kein »Nein«. So entsteht ein Eindruck, der unser Befinden und unsere Wahrnehmung im Alltag lenkt.

Ich glaube nicht, dass »die Arbeit« ein Stressor ist, dafür hat sie zu viele gute Seiten. Vielmehr gehe ich davon aus, dass bei der Entstehung von Stress bzw. des Stressempfindens mehrere Aspekte zusammenkommen, und dass es dabei meistens um Lebens- und Denkgewohnheiten geht. Um dies zu überprüfen, habe ich einen ausführlichen Antwortenkatalog zusammengestellt. Daraus wurde 2015 die Focus-Online-Umfrage »Die Wahrheit über Stress«.

Stress ist eine Denkfalle

Hier sind zwei Beispiele aus der Umfrage:

Welche der häufig in Stressumfragen diskutierten neuen Lebensumstände stressen Sie am meisten?

Die vielen Möglichkeiten; die Schnelligkeit des Lebens; die ständigen Veränderungen; die Digitalisierung des ganzen Lebens; der wachsende Leistungsdruck; die Menge des zu Erledigenden; die Parallelität der Aufgaben; das Gefühl, ständig erreichbar sein zu müssen…

Was stresst Sie am meisten bei Ihrer Arbeit?

Ich habe Angst um meinen Arbeitsplatz; Telefon und E-Mails; mich beschäftigt, was andere über mich denken; ich habe zu hohe Ansprüche; ich fühle mich nicht wertgeschätzt; ich mache mir zu viele Gedanken; ich nehme berufliche Aufgaben mit nach Hause…

Mit großer Spannung habe ich das Ergebnis der Umfrage erwartet. Natürlich habe ich auch selbst geantwortet. Ein Vorteil meiner Arbeit ist, dass ich sie auch für mich nutzen kann und nutze. Ich sitze in denselben Fallen wie Sie. Mir steht vielleicht mehr Handwerkszeug zur Verfügung, damit gut umzugehen. Doch daran muss auch ich mich immer wieder erinnern. Doch zurück zur Umfrage. 1083 Frauen und 754 Männer nahmen an ihr teil, sodass sie durchaus aussagekräftig ist. Zu meiner großen Überraschung waren Männer und Frauen über alle Fragen hinweg von ähnlichen Dingen gestresst.

Oft lesen wir, dass es belastend sei, immer erreichbar zu sein. Offenbar gibt es aber wesentlich Belastenderes, denn nur 5 Prozent Frauen und 6 Prozent der Männer gaben an, dass sie sich dadurch gestresst fühlen. Bei den stressigen neuen Lebensumständen ist es ganz klar ein »zu viel«, was uns unter die Haut geht. Und zwar die Menge des zu Erledigenden (Frauen 25 Prozent, Männer 21 Prozent) sowie die Parallelität der vielen Aufgaben (24 Prozent Frauen, 27 Prozent Männer). Es folgt der Leistungsgedanke, die Latte, die immer höher gehängt wird (13 Prozent Frauen, 16 Prozent Männer).

Und: Wir machen es uns bei der Arbeit auch selbst schwer: Es sind nicht die ständigen E-Mails oder Anrufe, die nerven, auch nicht das Gefühl, zu wenig mitbestimmen zu können. Sondern, dass wir uns zu viele Gedanken machen. Bei Männern wie Frauen führt dies mit 16 Prozent Zustimmung die Rangliste der Stressoren an, gleich gefolgt von dem Gefühl, zu wenig Wertschätzung zu bekommen (14 Prozent Frauen, 13 Prozent Männer) und zu hohen eigenen Ansprüchen (Frauen 13 Prozent, Männer 10 Prozent). Fällt Ihnen etwas auf? Dies alles sind Dinge, die sich in unserem Kopf abspielen.

Die eigenen hohen Ansprüche und der Wunsch, auch wachsenden Anforderungen gerecht zu werden, führen dazu, dass wir uns viel zu viel aufhalsen, was wir dann aufgrund der immer weniger beherrschbaren Menge parallel zu erledigen versuchen. Grübeln scheint zum Volkssport zu werden, und wir drehen uns im Kreis. Fühlen wir uns nicht wertgeschätzt, liegt – das ist meine Annahme – die Versuchung nahe, wir müssten nur mehr leisten und anders sein, um dies zu ändern.

Stress ist ein Ungleichgewicht

Diese Art von Haltung macht Stress, wie uns Frage 3 zeigt »Was stresst Sie generell am meisten?«. Die häufigste Antwort, wieder für beide Geschlechter, ist das Gefühl, nie fertig zu werden. Können wir gar nicht, weil wir unzufrieden mit uns sind, wie Platz zwei zeigt, und diese Unzufriedenheit ist der Katalysator für »mehr, schneller, höher, weiter, besser«. Dass dabei die eigenen Bedürfnisse zu kurz kommen, ist folgerichtig. Dass dies auf die Stimmung schlägt, auch.

Dabei wissen wir, dass es nicht die scheinbar so attraktiven Dinge des täglichen Lebens wie eine eigene Wohnung oder Reisen sind, erst recht nicht die heiß umkämpften Statussymbole, die nachhaltig glücklich machen. Einig sind sich viele Glücksforscher inzwischen, dass soziale Kontakte, Gutes für andere zu tun oder gemeinsame Erlebnisse in Sachen Glück deutlich vor materiellen Besitztümern stehen.

Dies ist der Moment, daran zu erinnern, dass in der früheren Stresstheorie positiver (Eustress) und negativer (Dysstress) unterschieden wurden. Inzwischen kommt man davon ab, weil die körperlichen, oft unbewusst und automatisch ablaufenden Reaktionen ähnlich sind. Es werden eher Dauer, Dosis und Angemessenheit der Stressreaktion betrachtet. Da zwischen dem Stressor oder Reiz aus der Umwelt oder auch von innen (z. B. Gedanken) und der Reaktion immer ein Individuum mit seinen Erfahrungen, Gewohnheiten, Ressourcen usw. steht, wird klar, dass es eine allgemeingültige Unterteilung in »guten« oder »schlechten« Stress nicht geben kann.

Im täglichen Sprachgebrauch meinen wir mit Stress meist den, den wir als belastend erleben. Das sollte uns schon zu denken geben. Wir alle haben doch auch Lust auf Leistung. Die Wohnung zu renovieren, ein berufliches Projekt pünktlich abzuschließen usw. bereitet auch Vergnügen. Wie oft haben Sie schon über die Entstehung und die Wirkung von positivem Stress gelesen? Wie oft wird dies in einer Umfrage erfragt? Hier wird unsere Wahrnehmung beeinflusst, und hier liegt gleichzeitig die Chance für eine Änderung.

Der Konsens aller Erklärungsversuche zu negativem Stress ist, dass dieser durch ein Ungleichgewicht zwischen den erlebten Anforderungen und den Bewältigungsmöglichkeiten entsteht. Letztere sind objektiv, wie z. B. die zur Verfügung stehende Zeit, Arbeitsmittel oder Ausbildung, aber auch subjektiv, wie Zeiteinteilung, Arbeitsorganisation oder Belastbarkeit. Ausschlaggebend ist vor allem die Bewertung einer Situation z. B. als Überforderung, Einschränkung oder nicht handhabbar. Das variiert von Person zu Person. Einen Vortrag vor ausgewählten Kunden zu halten, eine lange Strecke Auto zu fahren oder ein Jahresgespräch mit dem Chef sind Situationen im Alltag, die von der einen Person als spannend und angenehm, von einer anderen als belastend, ja sogar bedrohlich erlebt werden.

Gibt es immer mehr unfreundliche Menschen, wird das Leben immer hektischer, steigen die Ansprüche an uns immer mehr? Woran messen wir unsere Bewertungen? An subjektiven Wahrnehmungen. Ein populäres Beispiel: Tendenziell würden viele Menschen sagen, dass ihr Körper früher schlanker und schöner war. Haben Sie das damals auch so gesehen? Ich glaube kaum. Meist gab es auch vor fünf oder zehn Jahren schon etwas am Körper zu beanstanden. Die Erinnerung an den besseren Chef in einer anderen Firma kann stimmen, muss aber nicht. Klar im Vorteil ist, wer ein Tagebuch geführt hat und nachlesen kann.

Unser autobiografisches Gedächtnis, die Erinnerung an die eigene Vergangenheit, verändert jede bereits vorhandene Erinnerung. Schon bei ihrer Entstehung ist sie nicht objektiv, sondern wird eingeordnet in ein System von Erwartungen, Befürchtungen, Erfahrungen und unser Selbstbild. Je mehr Abstand wir haben, umso mehr wird sie – unbewusst – verändert. Es ist wie eine Brille, die wir aufsetzen und durch die wir auf die Welt schauen. Ist die Welt voller Handtaschenräuber oder wird einfach über die mehreren Millionen Handtaschen, die täglich *nicht* gestohlen werden, nicht berichtet, und wir nehmen sie deshalb gar nicht wahr?

Wir haben Anstrengung und daraus entstehenden Stress selbst in der Hand. Indem wir für ein besseres Wohlbefinden sorgen, stärken wir uns und balancieren Stress aus. Dies kann schon damit beginnen, dass wir das, was die Unternehmen bieten, erst einmal nutzen. Die von früheren Generationen hart erkämpften, früher nie dagewesenen vielen Urlaubstage zum Beispiel sind wirkungslos, wenn sie nicht zur Erholung genutzt werden. Die modernsten Computer nützen nichts, wenn man acht Stunden schief davor sitzt. Die Weiterbildungsangebote verpuffen, wenn sie lästige Pflicht sind, und Handlungsspielräume bleiben eine schöne Theorie, wenn sie nicht in Anspruch genommen werden.

Stress ist eine Überforderungsantwort
Wie viel Stress bringen Ihre täglichen Routinen? Ich spreche das an, weil wir uns an so vieles angepasst haben und es als normal ansehen, obwohl es uns nicht guttut. Oft merken wir erst durch Krankheiten, dass wir nicht so leben, wie es zu unserem Körper und Geist passt. Ein einzelner Belastungsfaktor kann von uns locker ausgeglichen werden. Anders sieht es aus, wenn sich viele summieren und das über längere Zeit.

Fangen wir doch einfach morgens an. Wie ist Ihr Bett? Ist die Härte der Matratze angenehm, oder stammt sie noch aus Ihren Studentenzeiten und hängt langsam durch? Haben Sie Ihr Handy neben dem Bett liegen und schauen vor dem Aufstehen gleich einmal, was so los ist? Schon sind Sie fremdbestimmt und in Gedanken woanders. Auf geht es ins Badezimmer. Wie viele verschiedene Chemikalien benutzen Sie? Von Duschgel über Haarwäsche, Zahnpasta bis Hautpflege oder Kosmetika. Laufen Fernseher, Radio, Computer oder das Telefon? Was und wie essen und trinken Sie? Künstlichen Erdbeerjoghurt, zuckerhaltige Getränke, Brötchen, die den Insulinspiegel hochtreiben, und das vielleicht noch im Gehen?

Sie haben den Kaffee noch in der Hand, während Sie zum Auto hetzen und gleich die schlechten Nachrichten des Morgens hören. Da ist ein Stau, dort eine Wetterkatastrophe. Im Büro fallen Kunden und Kollegen über Sie her, weil Sie sich keine Zeit zum Ankommen nehmen. Sie gehen abends schnell noch auf einen Empfang Ihrer Kunden mit Musik und lauten Gesprächen. Oder Sie toben sich auf dem Laufband im klimatisierten Studio aus, sodass Sie schon wieder oder immer noch beim »Schnellsein« und »Leisten« sind. Aspirin hilft gegen Kopfweh. Die Schlaftabletten wollten Sie eigentlich nicht mehr nehmen, aber heute ist eine Ausnahme, weil der Tag so anstrengend war.

Sie denken, so ist das heutzutage eben? Mag sein. Trotzdem haben wir mindestens 80 Prozent dieser Dinge selbst in der Hand. Dazu gehört, dass wir unsere Gewohnheiten dahingehend hinterfragen, was sie uns bringen. Vieles machen wir nach und mit, weil wir keine Diskussionen wollen oder nicht »Nein« sagen. Oder schlicht nicht darüber nachdenken.

Wenn wir unsere Küchenwaagenmetapher heranziehen, bei der in der einen Waagschale die Dinge liegen, die Kraft und Gesundheit beeinträchtigen, und in der anderen die nützlichen, ist es bis zur Überforderung ein weiter Weg. Bewegung würde z. B. mehrfach als Ausgleich zählen. Weil neben den Fitnesseffekten vor allem das Stresshormon Cortisol abgebaut wird, das andernfalls ungebremst sein krank machendes Unwesen treiben kann. Voraussetzung dafür ist allerdings, dass wir den Sport wählen, der zu uns passt, und uns nicht zu etwas zwingen, was neuen Stress auslöst, indem wir uns zum Beispiel im Fitnessstudio an anderen messen oder laufen gehen, obwohl es uns keinen Spaß macht. Wohlgemerkt, Anstrengung hat eine positive Wirkung, und etwas Überwindung gehört am Anfang durchaus dazu. Aber Überanstrengung ist damit nicht gemeint.

Bleiben wir kurz beim Sport. Jede Art von Bewegung ist gut für unsere Gehirnfitness. Interessant ist, dass stressmindernde Lebensgewohnheiten wie regelmäßiger Sport für die Mehrheit der Deutschen bislang nicht wichtig genug sind, um sie nachhaltig zu übernehmen. Meist siegt die Erschöpfung, obwohl gerade dann, wenn wir keine Kraft zu haben glauben, die Effekte von Sport am besten sind. Würden wir nach der Arbeit einen Spaziergang oder Sportkurs machen, schliefen wir nicht vor dem Fernsehen ein und hätten Schwung für uns, unsere Familie und Freunde. Gleichzeitig gingen wir mit einer besseren Stimmung in den Abend und ließen die Ärgernisse des Tages leichter hinter uns.

Das Marktforschungsinstitut GFK hat im Auftrag von Nestlé Erwachsene befragt, wie zufrieden sie mit ihrem körperlichen Wohlbefinden sind. Mit dem Gewicht sind 56 Prozent der Frauen und 46 Prozent der Männer unzufrieden. 50 Prozent der Frauen und 42 der Männer sind unzufrieden mit der körperlichen Fitness. Die Studie zeigt uns eine weitere Überforderung: Dem Zeitgeist folgend leben wir nicht mehr mit einem gut genährten Wohlstandskörper, sondern arbeiten für, ja kämpfen um einen aktiven, schlanken, fitten Körper. Gelingt es uns nicht, ist unser Lebensgefühl beeinträchtigt. Ich möchte hinzufügen, dass diese Unzufriedenheit auch Auswirkungen auf andere Lebensbereiche hat. Wenn mir schon morgens der Blick in den Spiegel oder auf die Waage den Tag verdirbt, werde ich auch in einem guten Kundengespräch höchstens kurzfristig glücklich sein. Stattdessen beschäftigt uns gedanklich immer wieder die eigene Unzulänglichkeit.

Stress ist eine Sucht
Jahr für Jahr ist der liebste Vorsatz der Deutschen zum Jahresende, im neuen Jahr weniger Stress zu haben. Immerhin hält sich statistisch gesehen etwa die Hälfte an ihre guten Vorsätze, doch offenbar ohne Erfolg. Sonst stünden dieselben Vorsätze nicht im Folgejahr wieder auf der Tagesordnung.

Vielleicht ist es auch eine Art Hassliebe bzw. sogar eine Abhängigkeit, die uns am Stress festhalten lässt. Stress ist immer eine Anpassungsreaktion des Körpers auf sich verändernde Umstände. Ganz am Anfang ging es für Menschen schlicht um das Überleben. Es überlebte nicht der Klügste oder Stärkste, sondern der, der sich am besten anpassen konnte, der am stressresistentesten war. Schauen wir uns erfolgreiche Menschen heute an, dann zählen in einer sich immer schneller verändernden Welt mehr als Muskeln und der höchste IQ der Umgang mit Krisen, Flexibilität, Souveränität, also ebenfalls Stressresistenz, nur in einem anderen Kontext. Dieser Gedanke wäre sicher manchmal hilfreich, wenn uns Veränderungen in unserem Leben bedrohlicher erscheinen, als sie tatsächlich sind. Je schneller wir reagieren, je schneller wir lernen, statt zu hadern, umso schneller geht es weiter und uns besser. In diesem Sinne ist die automatische Stressreaktion sehr hilfreich, denn sie fordert nicht nur Anpassung, sondern ermöglicht diese auch.

Das Stresshormon Cortisol wird vom Körper produziert, um die notwendigen Anpassungsreaktionen zu steuern. Wir atmen schneller, die Muskeln werden angespannt, Körper und Geist werden in Bruchteilen von Sekunden darauf vorbereitet, eine Veränderung zu bewältigen, einer Gefahr zu entkommen. Das ist die gute Seite, sonst wären wir nicht handlungsfähig und würden im Übrigen auch morgens das Bett kaum verlassen. Die andere Seite der Medaille ist, dass Cortisol im Körper wie eine Droge wirkt und abhängig macht.

Das Gehirn bevorzugt Bekanntes, selbst wenn es nachteilig für uns ist. Deshalb wiederholen wir auch Dinge und Situationen, die uns schaden. Dieser Teufelskreis ist schwer zu durchbrechen, und irgendwann wird Stress als Normalzustand erlebt, den man immer wieder sucht. Das geschieht ganz unbewusst und automatisch. Wir schaffen Erlebnisse und Umstände, die uns stressen, weil das vertraut ist. Ein Drogenabhängiger weiß in der Regel auch, dass das, was er tut, ihm schadet. Doch auf der Gehirnebene wird immer wieder auf die Botenstoffe und Hormone hingearbeitet, die vertraut sind. Leider gewöhnt sich das Gehirn an alles, und der Wohlfühlbotenstoff Dopamin nutzt sich ab. Wir brauchen dann andere Reize oder eine größere Menge, um die gleiche Wirkung zu erzielen. Für den Stress heißt das eben leider auch, dass wir mehr Anstrengung, mehr Stress suchen. Die biochemische Reaktion auf Stress wird zur Gewohnheit.

Es gibt drei wichtige Merkmale, an denen Sie eine Stress-Sucht erkennen können:

Sie handeln angstmotiviert: Hauptmotivation für Ihr Tun ist das Vermeiden oder die Reduktion des Angstgefühls. Sie wollen nicht auffallen, nichts falsch machen, niemanden enttäuschen, die Arbeit nicht verlieren oder den Partner.

Sie denken nur an sich: Angst und Stress führen dazu, dass wir unser Mitgefühl, unseren Respekt oder die Wertschätzung für andere Menschen verlieren. In anhaltenden oder extremen Stresssituationen werden die jüngeren Gehirnareale gehemmt und die älteren übernehmen die Regie. Dann geht es nur noch um Selbstverteidigung und Überleben. »Ich will« und »ich brauche« werden zu unseren ständigen Begleitern. Unter normalen Umständen prüft unser Hirn ab, was unsere Entscheidungen und unser Verhalten für andere bedeuten.

Wenn Sie nur Feuer löschen, also kurzfristig und nicht an das große Ganze denken, sind Sie im Stress gefangen. An sich sind Weitsicht und vorausschauendes Denken typisch menschliche Eigenschaften. Bei negativem Stress tauschen wir sie gegen einen Problemfokus. Das gestresste Gehirn tendiert dazu, die Probleme im Kopf noch schlimmer und größer zu machen, als sie in der Realität je sind.

Hier kommen noch einige Fragen, die Sie sich stellen können, um einer Stress-Sucht auf die Schliche zu kommen: Was war heute meine treibende Kraft? Angst oder Interesse? Wie habe ich mich die meiste Zeit des Tages gefühlt – gestresst oder entspannt? Welche Zeichen gibt mein Körper? Kopfweh, Verspannungen, Durchfall oder Energie, Lockerheit und Lebensfreude?

Kurz gesagt Stress schadet insbesondere dann, wenn wir den Belastungen nicht genug entgegenzusetzen haben, wenn ein Ungleichgewicht aus Anforderung und körperlichen und geistigen Ressourcen entsteht.

Ansteckende Anstrengung: die Burnout-Falle

Totale Erschöpfung, am Ende seiner Kräfte sein: All das, was oft mit dem Begriff »Burnout« beschrieben wird, scheint der Endpunkt eines Weges zu sein, an dem man sich endlich einmal zurückziehen darf, an dem man sozial akzeptiert »Nein« oder »Ich kann nicht mehr« sagt. Der allgemeine Konsens dabei scheint zu sein, dass die Erkrankten zuvor richtig viel geleistet haben. Muss es wirklich erst so weit kommen, dass Krankheiten den Einzelnen und damit die Gesellschaft zu neuem Denken zwingen? Es ist zu befürchten. Wir Menschen machen immer gern weiter, solange der Leidensdruck nicht groß genug ist.

»Deutschland ist erschöpft«, »Burnout ist auf dem Vormarsch« und ähnlich lauten daher immer wieder die Titel von Analysen der Stressbelastungen in Deutschland. Kaum wahrgenommen wurde die erste offizielle Mitteilung der DAK, dass die Anzahl der Arbeitsunfähigkeitstage wegen Burnout 2012 und 2013 zurückgegangen ist. Dazu gab es zunächst nämlich nur zwei Veröffentlichungen, die der DAK selbst und die des Ärzteblattes. Suchen Sie im Web nach »Burnout auf dem Vormarsch«, finden Sie Tausende Treffer. Es wird von Epidemien psychischer Erkrankungen gesprochen, und genau darin liegt schon ein Teil des Problems. Jede Gesellschaft, jede Zeit hat die

Krankheiten, die zu ihnen passen. Wir leben in einer Welt, in der es uns so gut geht wie noch nie und wir doch immer unglücklicher werden. Es ist schick, omnipotent, super gut drauf und erfolgreich zu sein – und das möglichst immer. So etwas gibt es nicht, doch viele Menschen versuchen, so zu sein. Die fremden und eigenen Erwartungen puschen sich gegenseitig. Wir nehmen einiges dafür in Kauf: Überanstrengung, Dauerstress und vor allem Angst. Die Angsterkrankungen liegen in der Prävalenz noch vor den Depressionen. Neben der krankheitswertigen Angst kennen wir alle die alltäglichen Ängste, zu versagen, nicht gut genug zu sein, nicht gemocht zu werden oder Ähnliches.

Der Frage, ob psychische Erkrankungen generell auf dem Vormarsch sind, nehmen sich immer mehr Institutionen, wie etwa das Robert Koch Institut oder die Berner Fachhochschule, an. Alle kommen zu dem Ergebnis, dass sie nicht zunehmen, sondern dass die Art der Krankschreibung sich verändert hat. Ärzte sind immer besser ausgebildet und erkennen entsprechende Erkrankungen früher. Vor allem aber sind sie ein öffentliches Thema geworden. Ärzte und Betroffene sprechen offener darüber und dies führt zu anderen Diagnosen.

Eindeutig ist gemäß der TK-Stressstudie 2013 der Zusammenhang zwischen Stressniveau und Gesundheitsproblemen. Die, die häufig unter Stress leiden, klagen über Erschöpfung und Ausgebranntsein, Schlafprobleme, Gereiztheit, niedergedrückte Stimmungen oder Depressionen sowie über Angstzustände. Bei Menschen mit wenig Stress treten diese Symptome unterdurchschnittlich auf.

Das »Nicht-abschalten-Können« bei Problemen wiegt besonders schwer. Dass hieran immer die Arbeit schuld ist, möchte ich gleich widerlegen. Denn ebendiese Studie zeigt auch, dass private Sorgen die Gesundheit mehr belasten als berufliche.

Und: Unsere Gedanken beeinflussen auch hier, welche Informationen wir wie verarbeiten. Deshalb könnte man sogar sagen: Burnout ist ansteckend. Die Wirtschaftspsychologen Simon Hahnzog und Charlotte Kraus haben in ihrer Studie »Burnout? – Nein, danke. Ich hab schon« nachgewiesen, dass wir durch die ständige Berichterstattung über die Zunahme psychischer Erkrankungen nicht nur glauben, dass es so ist, sondern auch eigene Symptome entsprechend suchen und interpretieren.

Die unsichtbare Gefahr

Aufgrund der vermehrten Berichterstattung über die Burnout-Symptomatik bewerten wir z. B. Kopfschmerzen nicht mehr als Kopfschmerzen, sondern als Zeichen eines sich anbahnenden Burnouts. Neu ist, dass die Übertragung von negativen Gefühlen und Burnout-Symptomen keine Anwesenheit von Menschen braucht, sondern durch die mediale Präsenz des Themas zustande kommt. Wir hören und lesen immer öfter davon, die gefühlte Burnout-Verbreitung wächst unaufhörlich.

Ähnlich ist es mit Partnern und Kollegen. Auch wenn wir Stress und Ärger von zu Hause fernhalten wollen, gelingt das nicht. Die »kollektive Stimmung« in Teams überträgt sich ebenfalls. Das Burnout-Niveau von Teams korreliert mit individuellen Burnout-Niveaus. Erfreulicherweise sagt die Höhe des Gesamtengagements eines Teams auch die Höhe des Engagements des Einzelnen voraus.

Geschlecht, eigene Erfahrungen und Empfänglichkeit variieren den Grad und die Leichtigkeit der Übernahme von Gefühlen und Symptomen.

Wie geschieht diese Übertragung? Zum Beispiel durch das »Lernen am Modell«. Unsere Mitmenschen, besonders die, die uns nah sind, fungieren wie Vorbilder. Symptome werden automatisch und unbewusst übernommen, so wie wir auch Gesten, Blicke oder Worte von anderen übernehmen. Unser Einfühlungsvermögen führt dazu, dass Gefühle »aufgeschnappt« werden, indem wir uns in die Situation eines anderen hineinversetzen. Auch Mitgefühl kann durch die empathische Identifikation dazu führen, dass wir Probleme und Gefühle anderer in uns aktivieren.

> Erst durch unsere **guten Lebensbedingungen** können wir es uns leisten, die Maßstäbe für uns und unser Glück immer **höher zu schrauben**. Nicht leisten können wir uns, dass das **unglücklich** macht.

Die Bereitschaft zur Selbstüberforderung ist »ansteckend« im Sinne der Weitergabe in Familie und Gesellschaft. Dazu gehört auch, dass wir unsere Gesundheit nicht so wichtig nehmen, solange wir sie haben. Wir wünschen uns zwar immer eine gute Gesundheit, doch wann und wie befassen wir uns damit? Erst wenn es wehtut. Besonders psychische Symptome lassen sich gut verdrängen. Oder wir lenken uns davon mit Fernsehen, Einkaufen, Sport, Arbeit oder dem Smartphone ab.

Arbeit könnte uns nicht krank machen, gingen wir anders damit um. Wenn 70 Prozent der Menschen sagen, dass ihre Arbeit ihnen Freude bereitet, sie auf der anderen Seite Stressor Nummer eins ist, dann stimmt doch etwas nicht. Arbeit gibt Sinn, Struktur und Entfaltungsmöglichkeiten. Das Wohlbefinden bei der Arbeit hat einen doppelt so hohen Einfluss auf das Gesamtwohlbefinden wie das finanzielle oder physische.

Natürlich verändern sich die Anforderungen und manches ist für uns unangenehm. Aber wir haben immer noch eigenen Spielraum, den wir häufig gar nicht nutzen.

Wie sieht es mit der Freizeit aus? Da wollen viele so schnell wie möglich hin. Doch ist man da vor Burnout sicher? Ganz im Gegenteil. Statt Freizeit als freie Zeit zu nutzen, wollen wir auch nach Feierabend optimieren und funktionieren. Mehr »sein« statt »machen« wäre wichtig. Sich mal treiben und überraschen zu lassen. Nichts tun sagt sich immer so leicht, ist aber schwer zu realisieren und dabei doch immens wichtig. Genauso wie Mini-Augenblicke des »Nichts-Denkens«. Im »Nichts« erholen sich Körper und Geist am besten, aber wir gönnen es ihnen so selten. Keine Geräusche, keine Aktivitäten, keine Informationen. Nichts. Also schauen Sie einmal statt auf die Stuhlbeine zwischen die Stuhlbeine ins Nichts. Oder folgen Sie mit Ihrer Aufmerksamkeit für ein, zwei Minuten Ihrem Atem. Der Körper ist immer im Augenblick, nicht in Vergangenheit oder Zukunft, wo der Stress wartet.

Warnzeichen schützen

Achten Sie sorgfältig auf Signale Ihres Körpers. Wir haben ein perfekt funktionierendes Frühwarnsystem – wenn wir es ernst nehmen. Dann können Sie viel früher und mit weniger Aufwand gegensteuern. Bei mir gab es vor sechs Jahren eine Phase, in der ich mich nach dem Aufbau meines Unternehmens sehr verausgabt habe. Vor allem dadurch, dass ich meinen Erfolg durch mehr Arbeiten, mehr Anstrengung und mehr Einsatz erzwingen wollte. Dadurch, dass ich mich so angestrengt habe, war mein Gehirn ständig im Überlastungsmodus. Dann ist es nicht mehr kreativ und hat den Fokus nur auf Problemen: zu wenig Einkünfte, zu wenig Aufträge. Was trotzdem alles läuft und dass man gut auf sich aufpassen sollte, übersieht das Gehirn. So tat ich immer »mehr desselben«, mit dem Ergebnis, dass dasselbe herauskam – nicht genug Aufträge, zu wenig Geld. In solchen Phasen potenziert sich die Überlastung dann auch noch durch die falschen Ratgeber im Kopf: Ehrgeiz, Stolz, Zweifel an sich selbst, Angst, es nicht zu schaffen. Das Fatale ist der Teufelskreis: Destruktive Gedanken führen zu negativen Gefühlen und zu falschen Handlungen.

Mein Plus durch die berufliche Beschäftigung mit Wohlbefinden ist es, eher zu merken, wenn etwas mit mir nicht stimmt. Ich verordnete mir also eine Pause von der Überanstrengung. Meine Arbeitszeiten fuhr ich deutlich herunter. Ich arbeitete nur an der Vorbereitung eines neuen Buchprojektes. Die Suche nach Aufträgen stellte ich einfach einmal ein. Jeder weiß, dass aus dem Kampf um Aufträge selten Aufträge kommen. Doch wir machen weiter, auf Kosten unserer Gesundheit. Ich widmete mir diesmal stattdessen mehr Zeit und tat, bevor ich krank wurde, das, was Kranke tun: Mittagsruhe halten, spazieren gehen, besser essen usw. Das war gerade noch einmal gut gegangen.

Meine Warnzeichen damals waren, dass mir alles zu viel wurde und ich lieber meine Ruhe gehabt hätte. Körper und Geist waren müde. Ich habe mich kaum noch richtig gefreut. Weitere mögliche Warnzeichen: Sie schimpfen mit Ihrem Computer oder Auto, weil sie nicht machen, was Sie wollen. Sie können sich nicht genau erinnern, auf welchem Weg Sie zur Arbeit gekommen sind. Sie sind in Gedanken woanders, während Sie mit Ihrer Familie beim Abendbrot sitzen. Sie haben keine Lust, Ihre Freunde zu sehen, das strengt Sie zu sehr an. Sie vermeiden längeren Augenkontakt. Statt zu schlafen, denken Sie über Ihre Sorgen nach. Sie sprechen immer wieder über die gleichen belastenden oder ärgerlichen Ereignisse. Sie schauen in den Spiegel und sind nicht mehr die Person, die

Sie einmal waren oder sein wollen. Das sicherste Kriterium ist jedoch, wie viel Sie heute schon gelacht haben.

Die Selbstwahrnehmung stellt Weichen
Überprüfen Sie Ihr Selbstbild gerade in Krisenzeiten. Mir hilft immer wieder meine ganz tiefe Überzeugung, dass ich ein gesunder, widerstandsfähiger Mensch bin, der sich von Krisen oder Problemen schnell erholt. Diese Gewissheit ist eine ganz andere Grundlage zur Verarbeitung von belastenden Informationen, als sich als krank oder schwach zu definieren. Folgerichtig werden Sie im ersten Fall Gedanken haben wie »Mir ist alles zu viel« und dann Ihr Denken und Handeln ändern, um dies zu korrigieren und sich zu schützen. Im zweiten könnten Sie etwas denken und vor allem glauben wie: »Die Einschläge kommen näher« und dann darauf warten, dass Sie dran sind.

Wechseln Sie bewusst die Perspektive. Suchen Sie nach optimistischen Informationen. Sie erscheinen viel zu selten und zu klein. Wir übersehen sie sogar. Ein Beispiel: Wenn fast jeder Zehnte über chronischen Stress klagt, heißt das auch, dass neun von zehn keinen chronischen Stress haben.

Häufig diskutiert wird, ob Glück gesund macht. Könnte es sogar ein Burnout-Schutz sein? Einige Studien zeigen dies. Andere bezweifeln es. So wurden in der »Prospective UK Million Women Study« die Daten von immerhin 720 000 Frauen mittleren Alters über einen Zeitraum von 15 Jahren ausgewertet. Erfreuliches Ergebnis war, dass das Glück mit dem Alter wuchs. Dafür sorgen statistisch gesehen ein Lebenspartner, Sport, Nichtrauchen, acht Stunden Nachtschlaf und ein funktionierender Freundeskreis. Was uns interessiert, ist, dass Glück oder Unglück hier keinen Einfluss auf die Häufigkeit einer schweren Erkrankung hat. Allerdings gab es einen Vorhersagewert für Krankheit oder Gesundheit, und das war das Gefühl für die eigene Gesundheit. Wer sie schlecht einschätzte, erkrankte häufiger als diejenigen, die sich gesund fühlten. Für mich ist dies ein wichtiger Hinweis auf die Wichtigkeit der Beurteilung der eigenen Potenziale und die Schutzwirkung einer positiven Wahrnehmung.

> Unsere Anstrengungskultur für externe Ziele hat auch zur Folge, dass wir uns ungenügend um unsere internen wie die eigene Gesundheit und unser Wohlbefinden kümmern.

Kurz gesagt

Täuschende Anstrengung: die Zukunftsfalle

Wie oft sehen Sie Ihre Eltern? Sehen Sie sie regelmäßig, freuen Sie sich darauf oder ist es ein Pflichtbesuch? Ich habe meine Eltern früher unregelmäßig und gerade zu Studienzeiten eher selten gesehen. Es gab so viele andere interessante Dinge zu tun. Und das Leben war noch lang. Bis eines Tages mein Vater schwer krank wurde und ich mit dem Gedanken konfrontiert war, ihn zu verlieren. Ich war voller Panik. So vieles war noch nicht gesagt und getan, so viel Zuwendung und Liebe noch nicht ausgetauscht. Plötzlich hatte ich Zeit, ins Krankenhaus zu gehen. Ich hätte jeden anderen Termin abgesagt. Auf einmal war klar, wie wichtig die Zeit mit meinem Vater ist, dass jede Minute zählt. Erfreulicherweise ist er heute wieder gesund und fit, und ich habe meine Lektion gelernt, die Zeit mit meinen Eltern als kostbar und einmalig zu sehen. Die Uhr tickt. Egal wie viele Jahre wir noch gemeinsam haben, es wird immer zu wenig sein. Jetzt sind wir alle gesund und munter. Jetzt sind wir uns nah und vertraut. Jetzt haben wir Freude am Zusammensein. Es ist unverantwortlich uns selbst gegenüber, etwas Kostbares zu verschieben und dabei die Endlichkeit jedes Augenblicks zu vergessen. Sollten Sie eine schwierige Beziehung zu Ihren Eltern haben, ist es umso wichtiger, dass Sie sich darum kümmern. Wir beurteilen, ja verurteilen unsere Eltern immer aus der Distanz einer anderen Zeit. Heute wissen wir mehr als gestern. Jeder tut immer das zum jeweiligen Zeitpunkt Bestmögliche. Unseren Eltern hat niemand beigebracht, wie man gute Eltern zu sein hat. Ihre Eltern wussten es auch nicht. Und ob wir das, was wir an ihnen kritisieren, wirklich besser machen, sei einmal dahingestellt.

Wir können das Zusammensein nicht auf später verschieben, sondern müssen es jetzt tun.

Was für Eltern gilt, gilt auch für Partner oder Freunde. Das Prinzip ist immer das gleiche. Wir verschieben viel zu häufig eine Aktivität, einen Anruf auf später. Später kommt aber leider auch oft nicht. Weil wir dann wieder zu müde oder die Kalender mit Terminen angefüllt sind. Ich habe neulich einmal versucht, kurzfristig Freunde an einem Wochenende zu treffen. Es war unmöglich. Keiner hatte Zeit, alle waren verplant. Ich war ganz erschrocken, aber ich kenne das natürlich auch von mir. Durch das viele Unterwegssein bin ich in drei von vier Fällen nicht da, wenn Freunde Geburtstag feiern oder umziehen oder mit mir ausgehen wollen. Umso sorgsamer will ich, wenn etwas nicht geht, sofort nach Alternativen suchen. Es ist zu gefährlich, dieses »später«.

Später ist eine Illusion

Leider verschieben wir viele Dinge auch deswegen, weil wir in unserer Anstrengung gefangen sind. Wir versagen uns selbst so viel und denken, es gäbe einen besseren Zeitpunkt dafür. Wenn die Arbeit weniger wird, wenn der neue Chef sich etabliert hat, wenn der Kredit abbezahlt ist, wenn die Kinder größer sind.

Wir verschieben nicht für etwas Besseres, sondern für scheinbare Pflichten. Und davon halsen wir uns selbst immer mehr auf. Das Motiv dafür dürfte häufig falscher Ehrgeiz sein. Die anderen schaffen es doch auch.

Am Anfang der beruflichen Laufbahn müssen wir eine Chance bekommen, und ist sie da, beweisen wir uns. Sind wir etabliert, wollen wir ernten und immer mehr erreichen. Ich werde an dieser Stelle oft gefragt, ob dieses »mehr wollen« nicht der Motor für Entwicklung und für Fortschritt ist. Ich fürchte, das ist es heute oft nicht mehr. Als die Ärzte anfingen, sich die Hände zu desinfizieren, als die Glühbirne erfunden wurde oder das Telefon, waren das bahnbrechende Fortschritte für die Menschheit. Dass Telefone immer schneller sein müssen und wir davon abhängig werden, halte ich nicht mehr für Fortschritt. Warme Kleidung zu haben ist eine Errungenschaft, fünf Mäntel zu haben, Luxus.

Zurück zum Verschieben auf später. Ein besonders schlimmer Irrtum ist es, dass wir das Kümmern um uns selbst auf später verschieben. Statt mit der Zimmernachbarin zu sprechen, die kein Deo benutzt, verschieben wir es auf später und leiden stumm vor uns hin. Wir verschieben Gespräche genauso wie das Ölen der quietschenden Zimmertür. Das wäre kein Problem, wenn es uns nicht jedes Mal stören würde. Bitte erinnern Sie sich an den Abschnitt zum Stress. Störungen summieren sich. Hier bräuchten wir die bereits beschriebene Selbstverantwortung, Nötiges sofort zu tun. Wenn wir das trainieren, wird es immer leichter.

In diesem Zusammenhang möchte ich auch darauf aufmerksam machen, dass unser Verschieben von der Illusion begleitet wird, dass später alles noch so ist wie heute. Dass wir gesund genug sind für die Weltreise, dass wir das gleiche Einkommen für die große Anschaffung haben, dass die Menschen noch um uns sind, mit denen wir etwas erleben wollen. Wir wissen es nicht. Und wenn wir uns weiter so überfordern und zu wenig in unser Wohlbefinden investieren, dann werden wir in der ersehnten Zukunft nicht mehr fit genug für das Verschobene sein. Natürlich könnte es auch sein, dass es uns künftig besser geht als heute. Dass wir mehr Geld haben, energievoller, schlanker, stressresistenter sind. Das müssten wir allerdings heute vorbereiten, vor allem durch den guten Umgang mit uns selbst.

> **Kurz gesagt** Wir verschieben das Kümmern um uns und unsere wichtigsten Bedürfnisse mit der Illusion, dass es ein gleichwertiges »Später« gibt. Wir denken, es gäbe einen besseren Zeitpunkt für das, was wir uns heute versagen. Wenn wir uns weiter so überfordern und zu wenig ausgleichen, bleibt dies eine Illusion.

Gelernte Anstrengung: die Grübelfalle

Ich sitze beim Frühstück im Café um die Ecke von meinem Büro und genieße es, den Tag gleich mit einem guten Gespräch mit Freunden zu beginnen. Natürlich finde ich es auch wunderbar, wenn ich mich um das Essen nicht selbst zu kümmern brauche, sondern ganz nach Wunsch etwas Leckeres serviert bekomme. Kürzlich bezahlte ich bei einer der Stammbedienungen und lobte den köstlichen Milchreis mit Zucker und Zimt. Worauf sie mir antwortete, dass das mal etwas Neues sei, wo ich doch sonst an allem etwas auszusetzen hätte. – Wie bitte?

Was tun Sie in solch einer Situation? Zunächst geht es um eine gute Antwort. In meinem Fall bestand sie aus einem Lächeln. Ich war zu irritiert. Hier würden einige sicher anders reagieren und sich rechtfertigen oder verteidigen. Wichtiger jedoch ist die Frage, was passiert danach? Sitzen Sie im Auto und regen sich darüber auf, was das für eine Ungerechtigkeit war? Dass Sie doch immer nett und höflich sind und dass die Bedienung einfach unrecht hat? Führen Sie dann innere Dialoge, in denen Sie Beweise aufzählen und sich wieder verteidigen, sitzen Sie schon in der Grübelfalle. Dies ist nur ein ganz einfaches Beispiel. Es trifft jeden anders, weil jeder unterschiedliche Themen hat, bei denen er empfindlich ist.

Besser wäre es, seine Gedanken einzufangen mit Fragen wie: Wie wichtig war dieses Gespräch? Wie wichtig ist diese Person für mein Leben? Was bringt mein Grübeln? Was ist Tatsache, was ist Interpretation? Bleiben wir bei meinem Beispiel. Das Gespräch war verhältnismäßig wenig wichtig, ebenso die Person. Ich sehe sie, wenn überhaupt, einmal im Monat, und was sie dann über mich denkt, hat wenig Bedeutung. Sie denkt immer irgendetwas, was ich nicht steuern kann. Natürlich möchte auch ich gemocht werden und beliebt sein. Doch das können wir nur zu einem kleinen Teil beeinflussen. Andere Menschen haben außerdem andere Maßstäbe. Tatsache ist, dass die Bedienung annimmt, ich beschwere mich häufig. In ihren Augen sind drei Beschwerden in fünf Monaten viel. Jeder hat sein individuelles Bezugssystem und ordnet seine Erfahrungen darin ein. Deshalb wäre ein Versuch, hier etwas richtigzustellen, völlig sinnlos. Wenn ich den Kommentar als Meinung einer Person einordne, kann ich ihn gut zur Seite schieben. Wenn ich anfange zu interpretieren, etwa: »Sie kann mich nicht leiden« oder »Ich werde unfair behandelt«, dann tut es mir weh und mein Gehirn geht in den negativen Stresszustand. Ich fange an, alles negativ zu sehen und mich schlecht zu fühlen. Immer dann, wenn mein Gehirn im Laufe des Tages zu diesem Gespräch zurückkehren wollte, um ein bisschen gekränkt zu sein (weil ich mich als super positiv erlebe), habe ich das sofort als unwichtig gestoppt und an etwas anderes gedacht. Weil mir mein Wohlbefinden wichtig ist und ich weiß, wie sehr Grübelei schadet und anstrengt.

Negatives Denken ist eine schlechte Gewohnheit

Manchmal begegnen mir Menschen, die davon ausgehen, dass ich als Psychologin ihre Gedanken lesen kann. Erfreulicherweise kann ich das nicht, sonst hätte ich viel zu viele Informationen zu verarbeiten. Doch was ich kann, ist vorhersagen, wie Menschen sich fühlen – und zwar anhand ihrer Gedanken. Im Übrigen können und tun Sie das auch, denn unsere Gedanken stehen uns sozusagen ins Gesicht geschrieben. Treffen wir einen Menschen, den wir noch nicht kennen, haben wir in Sekundenschnelle erfasst, ob er ein Optimist oder Pessimist ist, ob diese Person gut oder schlecht drauf ist.

Früher dachte man, dass wir als Optimist oder Pessimist geboren werden und nichts dafür können, so zu sein. Heute wissen wir, dass zu 50 Prozent unsere Anlagen bestimmen, wie leicht oder schwer es uns fällt, gut drauf zu sein. 10 Prozent bestimmen die Lebensumstände. Zu 40 Prozent haben wir es in der Hand, was wir aus unserem Leben machen und wie wohl wir uns fühlen.

Ein Ereignis an sich ist noch kein Indikator für unser Wohlbefinden danach, sondern unsere emotionale Bewertung dieses Ereignisses. Angenommen, Sie haben einen neuen Partner. Vielleicht denken Sie: »Endlich jemand, der wirklich zu mir passt. Ich fühle mich so jung wie schon lange nicht und werde jede Minute genießen.« Sie könnten aber auch denken: »Er scheint wirklich der Richtige zu sein. Wenn ich nur mit meiner Schwester nicht so verstritten wäre, dann könnte ich endlich das Leben genießen.« Dasselbe Ereignis kann für jeden von uns eine andere Bedeutung haben. Genau darin liegt unsere Chance zu trainieren, die positiven Aspekte zu sehen und in eine positive Stimmung zu kommen.

Die Gedanken sind frei: Dies wird meist so verstanden, dass wir träumen und denken können, was wir wollen. Dass uns keiner etwas vorschreiben oder verbieten kann. Genauso ist es. Wir nutzen das nur viel zu wenig. Und deshalb kann dieser Spruch auch noch eine andere Bedeutung haben, nämlich, dass die Gedanken machen, was sie wollen, wenn wir nicht eingreifen. Tendenziell beschäftigt sich unser Gehirn eher mit negativen Aspekten einer Situation. Dies diente einstmals unserem Schutz und dem Überleben. Heute ist es meist nur noch eine schlechte Gewohnheit zu grübeln und sich über Dinge Sorgen zu machen, die gar nicht aktuell sind. Das könnte man als ungünstige Eigenschaft des Gehirns akzeptieren, wären da nicht die Folgen.

Wenn wir uns sorgen, Angst haben oder uns ärgern, finden wir viel weniger Lösungen. Das ältere Emotionshirn schaltet das jüngere Denkhirn aus. Stattdessen konzentrieren wir uns auf die Sorge und das Problem, und damit geben wir diesem richtig viel negative Energie und nehmen uns die gute.

An der Universität Genf wurden die kognitiven Fähigkeiten von jungen Erwachsenen untersucht. Bei Gedächtnisexperimenten zeigte sich, dass eine generell unfreundliche Einstellung wie zehn Jahre Alterung auf das Gehirn wirken. Die aggressivsten Teilnehmenden merkten sich weniger als die am wenigsten aggressiven. Dies ist nicht verwunderlich, da unsere Gefühle und Gedanken unser Gehirn formen.

Negative Emotionen haben auf unseren Körper außerdem einen viel schädlicheren Einfluss, als gute ausgleichen können. Deshalb geht die Positive Psychologie davon aus, dass ein Verhältnis von mindestens 3:1 positiven zu negativen Momenten erforderlich ist, damit Menschen langfristig gesund und Teams erfolgreich sind. Auf ein Mal Ärgern sollten sozusagen drei Mal Freuen kommen. Dies klingt anstrengender als es ist, denn unser Leben ist voll von schönen Dingen. Wir sehen und schätzen sie nur manchmal nicht.

Wir **fühlen** uns so, wie wir **denken**.
Zu **40 Prozent** haben wir es **in der Hand**,
wie wir eine Situation bewerten,
uns dadurch fühlen und
was wir daraus machen.

Die negative Informationsflut

Was haben Flüchtlingskrise, Anschlagsgefahr und Krebserkrankungsprognosen gemeinsam? Sie machen uns Angst. Vor allem deshalb, weil sie mit sehr viel Ungewissheit verbunden sind und reichlich Raum für Spekulationen lassen.

Viele Gespräche in den letzten Monaten und Jahren drehen sich um Anschläge oder Flüchtlinge, und zwar völlig unabhängig davon, wer welche konkreten Erfahrungen hat. Die Medien zeigen dramatische Szenen, und es werden mehr Fragen gestellt als Antworten gegeben. Genau wie bei der Hochrechnung, dass in Zukunft 50 Prozent der Menschen an Krebs erkranken werden. Wir sorgen uns, was dies für uns zu bedeuten hat. Die negativen Emotionen führen dazu, dass wir als Erstes die potenzielle Gefahr und kaum die Chancen sehen.

Dieser Automatismus unseres Gehirns, sich bevorzugt mit Problemen zu befassen, beinhaltet auch, diese nicht nur zu wiederholen, sondern sie größer und schlimmer zu machen, als sie in der Realität sind. Meistens fällt uns das gar nicht auf, weil wir daran gewöhnt sind, zu grübeln und uns Sorgen zu machen. Das tun wir in einem Augenblick, wo das Problem noch gar nicht da oder schon vorbei ist und wir gesund, satt und sicher auf unserem Sofa sitzen oder im Bett liegen.

Leider hat dieses Phänomen Konsequenzen. Das Gehirn ist weniger leistungsfähig, und so finden wir für reale Probleme schlechter Lösungen. Hinzu kommt, dass das Gehirn im Zuge der Informationsverarbeitung alles, was nicht zu unseren Annahmen und Erfahrungen passt, ignoriert. Wir nehmen es einfach nicht wahr, selbst wenn es genau vor uns steht. Fürchten wir uns vor Kriminalität, dann verarbeiten wir bevorzugt alle diesbezüglichen Informationen in der Presse. Fürchten wir Krankheit, merken wir uns Krankengeschichten genauer.

Erfreulicherweise funktioniert das auch umgekehrt: Positive Erwartungen lassen uns positive Dinge bevorzugt wahrnehmen. Voraussetzung ist allerdings eine bewusste mentale Entscheidung für den positiven Blick, mentale Disziplin oder allgemeines Wohlbefinden.

Generell gilt es zu bedenken, dass unser Gehirn keinen Unterschied macht, ob es auf eine Vorstellung oder eine tatsächliche Wahrnehmung reagiert. Die Aussicht, etwas zu verlieren, schmerzt ähnlich wie ein realer Verlust. Allein die Vorstellung eines Leids lässt uns leiden. Andererseits fühlen wir uns gut, wenn wir an ein schönes Urlaubserlebnis denken, obwohl wir gar nicht mehr oder noch nicht dort sind.

Hinzu kommt, dass sich die durch Emotionen ausgelösten Frequenzen in unserem Gehirn verstärken. Sind wir ängstlich oder fröhlich und andere Menschen ebenso, summiert sich das. Außerdem verallgemeinern wir. So sagen wir oft: »Die Bahn kommt immer zu spät« oder »Nie hörst du mir zu«. Statistisch gesehen, ist dies natürlich anders, aber insbesondere dann, wenn wir negative Gefühlszustände erleben, können wir das nicht mehr relativieren. Wir sind im Problemfokus und spekulieren negativ. Wir machen uns kaum bewusst, dass eine Vorhersage von 50 Prozent Krebserkrankungen eben nur eine Vorhersage, aber keine Tatsache ist. Oder dass die Gesundheitschance ebenfalls 50 Prozent beträgt.

Kurz gesagt Negative Emotionen richten mehr Schaden an als positive ausgleichen. Deshalb brauchen wir ein Verhältnis von mindestens 3:1 von positiven zu negativen Momenten, damit wir langfristig gesund, Teams und Beziehungen erfolgreich sind.

Mangelnde Anstrengung: die Disziplinfalle

Wie geht es Ihnen, wenn Sie den Begriff Disziplin lesen? Für den Fall, dass Sie an die Verhaltensnoten in der Schule denken, dürften die Gefühle gemischt sein. Oft kommt auch ein ungutes Gefühl auf, weil wir uns viel zu viel im Leben zusammenreißen sollen und wollen. Das führt ganz klar in die Überanstrengung.

Gegenüber von meinem Büro befindet sich ein kleiner Bäckerladen. Es ist Fasching und der Bäcker hat die gute Idee, draußen einen Stand mit Pfannkuchen aufzustellen. Der süße Duft der frisch gebackenen Krapfen zieht mich magisch an.

Mehrere Stunden am Tag sind wir damit beschäftigt, Versuchungen zu widerstehen, der Versuchung, zu essen, was nicht gesund ist oder dick macht, Computerspielen, rauchen, fluchen, zu viel Alkohol trinken, einkaufen, surfen, fernsehen. Überall will uns jemand etwas verkaufen, uns zu etwas animieren, was wir vielleicht gar nicht wollen. Die Strategien werden immer geschickter, weil Werbung heute mit unseren Emotionen spielt. Unser Verhalten wird anhand zahlreicher Daten ausgewertet und Werbung ganz gezielt auf uns zugeschnitten. Da hilft nur eins: sich fernhalten.

Ich habe mir zum Beispiel ein Kleidung-im-Internet-bestellen-Verbot erteilt, denn 90 Prozent von dem, was ich bestelle, schicke ich zurück. Der Katalog verspricht fast immer mehr als die Realität hält. Natürlich ist es angenehm, zu Hause zu probieren und zu vergleichen. Doch das Ausfüllen von Formularen, das Packen der Pakete, zur Post gehen und Liefergebühren zu zahlen, kostet Zeit und Geld. Um dies durchzuhalten, schaue ich (fast) keine Kataloge oder Webseiten mehr an. Auch mein Sammlerhirn aus alten Zeiten fällt immer wieder auf die Tricks der Verkäufer herein. Das ist nicht deren Schuld, sondern eine Frage meiner Disziplin.

Ähnlich geht es mir mit dem Essen. In fast jedem Lokal bekommt man als Erstes einen Brotkorb serviert. Da man meist hungrig ist oder beim Warten Langeweile hat, greift man zu. Unabhängig davon, ob das Brot lecker ist oder nicht. Auf meiner Liste der Dickmacher steht Brot ganz oben. Also helfe ich mir, indem ich gleich sage, dass kein Brot serviert werden soll. Sonst schaue ich da so lange hin, bis ich doch zugreife. Oder ich brauche viel Kraft, es nicht zu tun. So helfe ich mir auch bei den Pfannkuchen. Ich mache einen großen Bogen um sie.

Warum Disziplin so schwierig ist

Leider reicht unsere Disziplin besonders abends nicht mehr für unsere Vorhaben. Wir verbrauchen sie im Laufe des Tages, wenn wir uns z.B. für Kunden, Kollegen oder die Familie verbiegen. Je mehr wir uns im Arbeitsalltag beherrschen – freundlich sind, wenn uns nicht danach ist, keine unerwünschte Antwort geben, nicht zu viel Süßes naschen – umso weniger Disziplin ist übrig, wenn wir nach Hause kommen. Schlafmangel, ausgefallene Mahlzeiten, also Glukosemangel, oder Infekte rauben uns noch mehr Willenskraft.

Am schwersten ist es, Fernsehen, Internet und Social Media zu widerstehen. In der Hälfte der Fälle scheitern wir. Warum? Weil hier eine Stärke des Menschen seine Schwäche wird: die Neugier. Und weil unser Bedürfnis, dazuzugehören, uns auf die Füße fällt. Testen Sie doch einmal, wie lange Ihr Wohlbefinden anhält, wenn Sie einen Tag oder zwei oder fünf keine E-Mails lesen oder das Handy ausschalten. Für manche von uns scheint dies selbst in der Freizeit unvorstellbar. Der Übergang zur Sucht ist fließend. Diese zu kontrollieren, ist noch viel schwerer.

Optimal können wir uns motivieren, wenn etwas wichtig für uns ist. Am besten gelingen Vorhaben, die wir gern tun. Wenn wir uns im Bereich des Möglichen anstrengen, tut uns das ebenfalls gut. Je mehr Erfolge wir haben, umso besser können wir uns wieder motivieren, auch in Sachen Wohlbefinden.

Haben Sie schon vom Longevity Project gehört? Hier wurden über Jahrzehnte 1500 überdurchschnittlich intelligente, zu Beginn der Studie Elfjährige untersucht. Gewissenhaftigkeit und Disziplin stellten sich als wichtigste Garanten für Erfolg heraus. Und Erfolg im Beruf brachte ein fünf Jahre längeres Leben mit sich. Vitale Männer benannten nicht Freunde, Kultur, Glück, sondern Familie und Arbeit als die wichtigsten Aspekte in ihrem Leben. Ab 60 lebten produktive Männer und Frauen länger, gesünder, glücklicher als die nur entspannten Altersgenossen.

Disziplin ist schwierig, aber nützlich. Sie macht es leichter, unserem Fokus zu folgen und unser Optimum zu leben. Wenn wir müde und erschöpft sind, tendieren wir dazu, uns gehenzulassen. Sind wir erst mal zu Hause, sieht keiner, wie wir essen, aussehen usw. Da liegen wir vor dem Fernseher und essen zur Belohnung oder aus Frust, was wir nicht essen wollten. »Heute mal«, weil wir krank, gestresst, verärgert sind. Aus diesem »heute mal« wird unbemerkt »fast jeden Tag«. Deshalb ist ein guter Umgang mit uns selbst immer und überall, also vorbeugend, so wichtig, damit uns nie die Kraft zur Disziplin ausgeht. Ich gehe sogar so weit zu sagen, Disziplin ist nötig, um gut für uns zu sorgen. Denn wir können immer wieder Entscheidungen treffen: für die weitere Überstunde oder für den Yogakurs, für das Geldausgeben oder für das Sparen auf ein Ziel hin, für das E-Mail-Checken am späten Abend oder das zeitige Schlafengehen.

Verstehen Sie dies als Plädoyer für eine dem Wohlbefinden dienende Disziplin. Das Gute daran ist: Sie können immer anfangen, am besten mit kleinen Schritten, und wenn Sie mal aus dem Rhythmus kommen, geht es morgen wieder los.

Schädliche Disziplin im Sinne des Sich-Verbiegens, der Überanstrengung und der Kontrolle raubt uns so *Kurz gesagt* viel Kraft, dass wir abends kaum noch etwas für unsere Selbstfürsorge übrig haben. Nützliche Disziplin garantiert den guten Umgang mit sich und die Umsetzung dessen, was unser Optimum ist.

Fühlbare Anstrengung: die Stimmungsfalle

Kennen Sie diese Tage, wo einem keiner etwas recht machen kann? Wo die Hose nicht zugeht, der Lieblingsblazer einen Fleck hat, der Parkplatz besetzt ist und der Computer streikt? Erfreulicherweise gehen solche Tage vorbei und es kommen wieder bessere. Manchmal kann schlechte Laune oder eine negative Stimmung aber auch länger anhalten, vor allem dann, wenn uns etwas besonders getroffen hat. Dann ergehen wir uns

stundenlang oder tagelang in Vermutungen und Selbstgesprä-
chen, wiederholen, was er oder sie getan oder gesagt oder nicht
getan und nicht gesagt hat, und könnten daran verzweifeln.

»Ich schaffe das nicht, die Zeit reicht nicht, das kann ich
mir nicht leisten, ich werde nicht genug gefördert/einbezo-
gen/wertgeschätzt/gelobt/bestätigt, ich muss weniger essen.«
Kommen Ihnen solche Erfahrungen bekannt vor? Und wenn
ja, was machen diese Gedanken mit Ihnen? Meist sorgen sie
für schlechte Laune.

Unsere Emotionen sind Hinweise darauf, wie wir eine Situation bewerten. Sie lösen Handlungsimpulse aus, z.B. den Impuls, zu flüchten oder anzugreifen. Negative Emotionen
schränken die Perspektive ein, positive erweitern sie, öffnen
das Herz und machen kreativ. Daraus hat die Psychologin
Barbara Fredrickson ihre »broaden and build«-Theorie entwickelt: Beide, positive und negative Gefühle, haben ihre Berech-
tigung. Negative Gefühle sind in konkreten Situationen über-
lebenswichtig, positive für langfristiges Lernen.

Leider haben die negativen Emotionen nicht nur einen
schlechten Einfluss auf unseren Körper. Sie behindern zum
Beispiel die Arbeit des Immunsystems, fördern Entzündun-
gen, verlangsamen Heilungsprozesse und schaden dem Herz.
Sie haben auch mentalen Einfluss. Ich erinnere an das Stichwort »Tunnelblick«. Unsere Wahrnehmung fokussiert sich auf
all das, was zu unseren Annahmen, in diesem Fall zu unserer schlechten Stimmung, passt. Das, was wir sehen, ist ein
Mini-Ausschnitt unserer Welt. Wir nennen ihn »Realität« statt
»meine Realität«. Haben wir uns einmal darauf eingeschossen,
dass unsere neue Kollegin stresst und nervt, dann wird das
auch so sein, weil wir nur diese Aspekte wahrnehmen. Denken wir, unser Partner flirtet zu viel, werden wir überall solche
Signale von ihm wahrnehmen. Dieses Phänomen geht so weit,

dass wir uns mit Menschen umgeben und solche als Ratgeber suchen, die uns in unserer Meinung bestärken.

Unsere Verhaltensentscheidungen schließen sich unserem Denken an. Ein Gedanke ist wie ein Verhaltensprogramm. Das Gehirn unterscheidet nicht, ob er gut oder schlecht für uns ist. Es setzt das Denken einfach um. Wenn wir zu einer Geburtstagsfeier mit der vorgefassten Meinung gehen, dass dort nur lauter Langweiler anzutreffen sind, dann werden wir uns genau zu diesen setzen und unsere Meinung bestätigt finden.

Ich habe das Thema »Stimmungen« in die Anstrengungsfallen einbezogen, weil sie uns richtig Energie kosten können. Vor allem dann, wenn wir unser Unwohlsein überkompensieren. Wir sehen schlecht oder müde aus und tun so, als ob wir vergnügt seien. Wir überspielen Ärger oder Kummer, statt ihn anzusprechen. So wird er nicht nur nicht verarbeitet, sondern raubt uns durch das Verstellen auch noch Kraft.

Viele schlechte Stimmungen lassen sich beheben, wenn wir uns klarmachen, wie sie entstanden sind. Schlechte Laune entsteht nicht, weil unser Schatz den falschen Brötchenbeutel benutzt oder die Kollegin nicht zurückgrüßt. Sie entsteht aus dem, was wir gedanklich daraus machen. Wir fühlen uns nicht ernst genommen, herabgesetzt, beleidigt oder gekränkt. Das sind jedoch nur unsere Annahmen, Spekulationen.

Der andere ist gedankenlos, hat Stress oder Zahnschmerzen und wir interpretieren etwas anderes hinein. Keinesfalls hilfreich ist es, wenn wir unsere Beleidigung oder Kränkung wortlos zeigen. Also den, der uns verärgert hat, schneiden, ignorieren, schweigen oder böse anschauen. Dies dann auch noch in der irrigen Annahme, dass die andere Person so merkt, was sie uns angetan hat. Klappt das? Erreichen wir eine konstruktive Problemlösung? Eher im Gegenteil. Meist reduziert sich das Wohlbefinden weiter.

Schlechte Stimmung ist nicht nur das Ergebnis mangelnder Selbstfürsorge und Überanstrengung. Sie führt auch in neue Überanstrengung, wenn wir sie überspielen. Sie lässt sich schnell beheben, wenn wir uns klarmachen, wie sie entstanden ist, und wenn wir Wohltuendes dagegensetzen.

Das Anstrengungsfazit

Wie reagieren Sie, wenn im Urlaubshotel mit Meerblick kein Tisch am Fenster zu bekommen ist, die VIP-Gala nicht nach Ihrem Geschmack war oder Ihre Physiotherapeutin Sie warten lässt? Ich nehme an, verärgert, verstimmt, ungnädig. Denn Sie haben doch etwas Besseres verdient. Sie haben hart gearbeitet für Ihr Geld und wollen dafür auch etwas bekommen.

Weil wir uns in unserem Alltag so anstrengen, bräuchten wir dringend einen Ausgleich. Den suchen wir gern im Außen. Wenn das dann nicht sofort wie gewünscht klappt, sind wir sauer, weil wir durch die vorangegangene Anstrengung in unserem Leben unsere Kräfte verbrauchen und dünnhäutig werden. Wenn auf eine Seite der Waage, die schon voll mit Mühe und Kräftezehrendem ist, nur ein Körnchen zu viel gelegt wird, dann kippt die Waage aus dem Gleichgewicht. Meine Schlussfolgerung ist daher, dass die Art, wie wir heute leben und uns dabei anstrengen, uns gleich dreifach schadet:

Zum einen, weil wir uns für die falschen Ziele so anstrengen und dies unser Wohlbefinden verbraucht – Schaden Nummer 1. Zum anderen, weil wir uns für das ersehnte und notwendige Wohlbefinden nicht genug anstrengen und dadurch zu wenig Wohlbefinden haben – Schaden Nummer 2. Die Überforderung kostet uns wertvolle Lebensenergie, Kraft, Geduld, gute Laune,

Leistungsfähigkeit. Daraus entsteht ein Teufelskreis. Statt nun in uns zu investieren, strengen wir uns noch mehr an, was wiederum Wohlbefinden kostet – Schaden Nummer 3.

Anstrengung ist nicht gleich Anstrengung. Und: Anstrengung ist nicht an sich gut oder schlecht. Unser Gehirn ist zum Lernen, Probleme lösen, Ausprobieren, Leisten mit Anstrengung gemacht. Das Ziel, die Einstellung und Motivation sowie das Maß entscheiden, wie sie wirkt.

Ich definiere **Anstrengung** als **nützlich** oder schädlich: Bringt sie **Freude**, **Wachstum**, **Lernen**, **Lösungen**? Oder kostet sie Leistungsfähigkeit, Gesundheit, Wohlbefinden?

Zur positiven Anstrengung zähle ich: zu Hause arbeiten und sich dafür schick anziehen. Zu Hause arbeiten und mehrere Dinge gleichzeitig erledigen – nicht. Zu Hause arbeiten und abends am Computer sitzen, kann positive Anstrengung sein, wenn tagsüber Pause gemacht wird und ein Ausgleich erfolgt. Zum Bus zu spurten, um eher bei den Kindern zu sein, ist positive Anstrengung, morgens regelmäßig zu spät aufzustehen und dann zum Bus zu hetzen – nicht.

Wenn im Büro ein tolles Projekt zu stemmen ist oder die Kollegin krank ist, sind Überstunden positive Anstrengung. Wenn dies zur Regel wird – negative. Wenn wir unseren Lieben jeden Sonntag mit Freude das Frühstück bereiten (und dabei bestimmen können, was es gibt), ist es positive, wenn wir es tun, um die schlechte Laune der anderen zu verbessern, weil wir es als unsere Pflicht ansehen oder weil es sonst keiner tut – negativ.

Wenn wir dem Chef bei einer neuen, nach unserer Erfahrung nicht umsetzbaren Idee nicht widersprechen und sie erst einmal testen, ist das positiv. Wenn wir dies aus Angst nicht tun und die Konsequenzen stumm tragen – negativ.

Wenn wir auf einen tollen Urlaub sparen und uns deshalb einschränken, ist das positiv. Wenn wir uns jede genussvolle Ausgabe verkneifen aus Angst, es reiche nicht für später, ist das negativ. Wenn wir der Tochter, die Liebeskummer hat, signalisieren, dass wir immer für sie da sind und gleichzeitig für unser eigenes Wohlbefinden sorgen, ist das positiv. Wenn wir wochenlang nicht schlafen können, weil wir uns Sorgen um die Tochter machen oder jede Nacht mit ihr telefonieren, ist das negativ. Wenn wir uns trotz Prüfungsangst überwinden, ein Weiterbildungsangebot der Firma für unser Fortkommen zu nutzen, ist das positiv, Wenn wir es nur tun, weil alle es tun und nicht auffallen wollen – negativ.

Sie können die Beispiele beliebig fortsetzen und haben jetzt Ihr eigenes Barometer, an dem Sie Ihren Einsatz messen können. Als Nächstes zeige ich Ihnen, dass es eine attraktive Alternative gibt. Nämlich das Wohlbefinden.

2 Die Wahrheit über Wohlbefinden

Meine Arbeit dreht sich seit Jahren um die Positive Psychologie, genauer gesagt um das Thema Wohlbefinden. Eine Einheit von Leistung *und* Wohlbefinden herzustellen, ist dabei mein Ziel. Dass wir genauso gut oder schlecht arbeiten und leben, wie wir uns fühlen, erleben wir jeden Tag. Auch die Forschung hat dieses Ergebnis bestätigt. Doch nehmen wir diese Tatsache und damit uns selbst nicht so wichtig. Nur so ist es zu erklären, dass wir uns nicht anders verhalten und in unser Wohlbefinden investieren. Oft denken wir dabei in »Entweder-oder-Kategorien«. Zum Beispiel: Entweder ich strenge mich an, was meist mit dem Gedanken an die Arbeit verbunden ist. Oder ich fühle mich wohl, was meist mit dem Gedanken an Freizeit einhergeht. Ungewohnt ist die Vorstellung, dass Anstrengung und Wohlbefinden zusammengehören können. Oder: Medizin, die schmeckt, kann gar nicht helfen, sie muss bitter sein! All diese Erfahrungen habe ich auch selbst gemacht und habe ihnen viele Einsichten zu verdanken:

Warum ich keinen Burnout hatte

Eigentlich hätte es in meinem Berufsleben immer so weitergehen können: erst die (schädliche) Anstrengung, später dann das genussvolle Leben. Erfreulicherweise habe ich zumindest körperlich immer schon gut für mich gesorgt, jährlich mindestens eine kleine Wellnesskur unternommen und die Batterien aufgetankt. Der sorgsamere Umgang mit den psychischen Ressourcen begann, als ich nach 15 Jahren in der Wirtschaft die Rückkehr in meinen Ursprungsberuf als Psychologin plante. Für mich stellte es sich als ein großes Glück heraus, dass ich diesen Ausflug in die Wirtschaft hatte. Nicht nur, weil ich dadurch viel darüber gelernt habe, wie Wirtschaft funktioniert, einen Abschluss als Rechtsfachwirt sowie als Ausbilder gemacht und mich in Managementfragen international weitergebildet habe. Sondern vor allem, weil die Psychologie in dieser Zeit eine Kehrtwende vollzog, weg von Krankheiten und Problemorientierung hin zu Lösungen, Gesundheit und Wohlbefinden.

Diese neue Sichtweise war genau richtig für mich. Für meine Arbeit und mich persönlich. Mein Herz schlägt für schnelle Lösungen und gute Nachrichten, für Selbstverantwortung und gute Gefühle, und so lernte ich noch einmal neu und spezialisierte mich auf die Positive Psychologie. Das hieß und heißt jedoch vor allem, sie selbst zu leben. Mein Anspruch ist, das, was ich anderen vermittle, nicht nur zu testen, sondern selbst umzusetzen. Hier hatte ich Nachholbedarf. Auch ich habe der schädlichen Anstrengung Vorrang eingeräumt, meine eigenen Bedürfnisse zu oft vernachlässigt und nicht genug Gutes und Wohltuendes in die andere Waagschale geworfen. Auch Angst vor Ablehnung bei einem »Nein« und andere alte Verhaltensmuster galt es zu überwinden. Die Belohnung war, dass ich relativ schnell merkte, dass ich auch für andere Menschen viel hilfreicher bin, wenn es mir gut geht, wenn ich gute Energie verbreite und mit einem Lächeln, das dem eigenen Wohlbefinden entspringt, anstecke.

Wer mich kennt, mag sich fragen, ob es für mich nicht besonders leicht war, diese Kehrtwendung zu einer neuen Haltung zu vollziehen. Das Leben bzw. meine Eltern haben mich mit einer selten versiegenden Portion Sonnenschein und Optimismus beschenkt. Darauf kann man natürlich gut aufbauen. Doch wenn man sich genug in die andere Richtung anstrengt, kann man selbst diese guten Voraussetzungen zerstören. Auch ich kenne das »Luft ist raus«-Phänomen am ersten Urlaubstag oder am Wochenende oder schlaflose Nächte, weil man vor Sorgen oder Problemen keine Ruhe findet. Vor etwa 15 Jahren habe ich jedoch beschlossen, ein glückliches Leben zu leben und alles dafür zu tun, was nötig ist. Das hieß, die scheinbar sichere und gut bezahlte Anstellung zu verlassen ebenso wie eine Ehe, die nicht mehr richtig für mich war. Auch ich kenne Schmerz und Enttäuschung, Panik und Zweifel vor solchen Veränderungen. Aber eben auch Hoffnung, Mut und Neugier, den Glauben an die eigenen Möglichkeiten.

Vor zwölf Jahren habe ich mich dann als Psychologin selbstständig gemacht. Von »Wer, wenn nicht du?« über »Wer braucht denn so etwas?« bis hin zu »Wenn du ein Aktienunternehmen hast, kaufe ich alle deine Aktien« gab es die unterschiedlichsten Kommentare und Reaktionen darauf. Damals erlebte ich es als noch größere Herausforderung, gut auf mich zu achten. Gerade am Anfang einer neuen Karriere ist die Versuchung groß, noch einen Termin und noch einen zu vereinbaren, die Mittagspause zu streichen oder zu vieles selbst zu tun, statt abzugeben. Hinzu kamen die Ängste, die ein unregelmäßiges Einkommen mit sich bringt.

Mit den Jahren wurde ich zunehmend konsequenter, immer zuerst mein Wohlbefinden zu prüfen. Am Anfang sagte ich Ja zu Aufträgen oder Arbeitszeiten, die nicht zu mir passten. Nach den ersten, trotz Freude an der Arbeit anstrengenden Jahren musste ich mich entscheiden: ob ich weiter den Weg der schädlichen Anstrengung gehe oder konsequenter für eine mir nützliche Anstrengung und damit mein Wohlbefinden sorge. Für mein eigenes und damit auch der anderen. Genau dies tat ich, denn ich wusste, der erste Weg würde in einen Burnout oder andere Überforderungskrankheiten führen.

Ich bin sehr dankbar dafür, dass ich immer rechtzeitig gemerkt habe, wenn ich an meine Grenzen komme, und sofort reagiert habe. An diesem Punkt entscheidet sich jeder von uns, mehr oder weniger bewusst. Es gibt diesen Punkt immer. Die Stelle, an der wir Warnsignale, besseres Wissen oder liebevolle Hinweise ignorieren oder aber auf uns aufpassen. Letzteres setzt voraus, dass wir uns wichtig genug nehmen. Leider ist das »Sich-selbst-nicht-wichtig-genug-nehmen« Teil der Anstrengungskultur. »Wer glaubst du denn, wer du bist?!« Ich bin Ilona und ich bin mir wichtig.

Natürlich habe ich auch heute noch Phasen, wo ich mir zu viel abverlange. So arbeite ich oft zu lange oder ohne Pausen. Und ich habe viel zu lange gewartet, Büro und Wohnung konsequent zu trennen. Nicht Menge oder Dauer der Arbeit oder eines Engagements schaden jedoch, sondern fehlende Balance und fehlender Ausgleich. Unser Körper hat eine Autoregulation auf geistiger und körperlicher Ebene, die stets nach einem dynamischen Gleichgewicht strebt. Darauf können wir setzen. Wir sind so stark, wir kommen mit mehr Schwierigkeiten, Hindernissen, Anforderungen klar, als wir meinen. Wir Menschen sind kleine Wunder an Kraft, Intelligenz, Heilung und Schwung bei nützlicher Anstrengung. Das alles aber nur, wenn wir dabei gut für uns sorgen.

Die Entdeckung des Wohlbefindens in der Forschung

Ende der 1990er-Jahre entwickelte sich in Amerika auf Initiative des Psychotherapeuten Martin Seligman eine neue Richtung in der Psychologie. Die traditionelle Psychologie hatte sich bis dahin auf Krankheiten, Defizite und Probleme konzentriert. 70 Prozent aller Menschen sind aber nicht psychisch krank, sondern eigentlich gesund, und wollen einfach gut leben.

Was machen glückliche Menschen anders, wie können wir uns mehr auf unsere Stärken konzentrieren, was sind Faktoren für Glück? Das sind Fragen, die die Positive Psychologie stellt und wissenschaftlich fundiert beantwortet.

Die Frage nach dem Glück ist nicht neu. Alle Philosophen haben sich damit beschäftigt, ebenso Künstler und Politiker. Bereits in der Antike wusste man, dass unsere Gedanken unsere Gefühle beeinflussen. Der große Vorreiter der Selbsthilfebewegung, Dale Carnegie, hat das Hunderte Jahre später wieder aufgenommen. Er machte darauf aufmerksam, dass nicht das, was wir sind, haben oder tun, glücklich oder unglücklich macht, sondern was wir darüber denken.

Der »Großvater« der Positiven Psychologie, Don Clifton, hat sich mit amerikanischen Kriegsgefangenen im Korea-Krieg befasst und untersucht, ob und wie man mit Positivität einen schützenden und heilenden Einfluss ausüben kann. Er beantwortete diese Frage mit einem klaren »Ja« und legte den Grundstein für ganz neue Denkweisen in der Psychologie.

Bereits in den 1970er-Jahren folgten Coaching-Ansätze mit Ausrichtung auf Möglichkeiten, Potenziale und Chancen. Basis war die praktische Erfahrung erfolgreicher Therapeuten. Die fehlende wissenschaftliche Fundierung führte jedoch zur Verweigerung der Anerkennung durch die traditionelle Psychologie. Aus meiner Sicht besteht die Leistung der Positiven Psychologie darin, dies alles zusammenzuführen, zu untersuchen und damit zu objektivieren.

Ich verstehe die Positive Psychologie als eine neue Art zu denken, als eine Kultur bzw. Lebensphilosophie, das Beste aus seinem Leben und seinen Möglichkeiten zu machen. Die Positive Psychologie hat mich überzeugt, weil sie Alltagsphänomene wissenschaftlich fundiert erforscht und weil sie ein positives Menschenbild hat. Dem Menschen wird das Recht und die Möglichkeit zum Wohlergehen zugebilligt und gezeigt, wie er dies durch Einsatz der vorhandenen Potenziale selbst erreichen kann.

Die Weiterentwicklung der Positiven Psychologie

In den ersten Forschungsjahren der Positiven Psychologie wurde herausgefunden, dass für viele Menschen die Beschäftigung mit Glück eher kontraproduktiv war. Glück schien so groß, so unfassbar zu sein. Die Forscher selbst bemerkten, dass die Frage nach dem Glück häufig mit situativem Befinden beantwortet wurde. Deshalb wurde statt »Glück« das »Wohlbefinden« Untersuchungsgegenstand.

Manche Kritiker der Positiven Psychologie bemängeln, dass der stets am Positiven orientierte Blick auf die Welt blind mache für die »Realität«, dass wir Elend und Schwierigkeiten ausblenden und uns etwas vormachen. Bekannt sind diese Tendenzen unter dem Stichwort »Optimism bias«, die optimistische Verzerrung. Damit wird die Tendenz der Optimisten beschrieben, alles Erfreuliche zu überschätzen, z. B. Gesundheit oder Talente. Unterschätzt werden Risiken und negative Informationen wie die über Krankheitsrisiken. Das ausschließlich optimistische Gehirn scheint wie abgeschirmt und ändert seine Erwartungen auch dann nicht, wenn gegenteilige Informationen bekannt sind.

Dies ist allerdings ein generelles Phänomen des Gehirns. Wir sehen, was uns bestätigt, alles andere filtern wir konsequent aus.

Ich kann aus meiner Praxis nicht bestätigen, dass wir blind werden für die Probleme des Alltags, im Gegenteil. Es ist nachgewiesen, dass glückliche Menschen hilfsbereiter, sozialer und engagierter sind.

Obwohl die Positive Psychologie historisch gesehen eine junge Wissenschaft ist, hat sie auch schon eine Gegenbewegung. Diese fordert das Recht auf negative Stimmung ein, obwohl auch die Positive Psychologie ja keineswegs für Dauerlächeln und immer gut drauf sein plädiert. Die Glücksgegner, oder sagen wir besser: die Glücksrelativierer, betonen, dass nicht nur Glück motiviert, sondern auch Neid oder Ärger. Glückliche Menschen seien naiver, machten mehr Fehler oder hätten die schlechteren Argumente.

Die Relativierung des Glückskonzeptes

Der Psychologe Rui Mata von der Universität Basel konnte zum Beispiel zeigen, dass Gutgelaunte schlechtere Entscheidungen treffen. Er ließ Probanden in einem simulierten Onlineshop einkaufen. Bei Produkten vom Rasenmäher bis zum Kühlschrank sollten sie nach dem günstigsten Preis suchen. Sie fanden ihn seltener als schlecht Gelaunte. Ich habe mich beim Lesen solcher Studien allerdings gefragt, ob es denn so schlimm ist, dass glückliche Menschen auch in Verhandlungsexperimenten die schlechteren Ergebnisse erzielten. Vielleicht ist es ihnen einfach nicht so wichtig und dies ist Teil des erfolgreichen Glücklichseins?

Zustimmung findet bei mir die Warnung, dass die Suche nach dem vollkommenen Glück recht sicher in die Unzufriedenheit führt, weil es das nicht gibt. Je größer der Unterschied zwischen Ideal und Wirklichkeit, umso größer die Unzufriedenheit. Ich sprach schon im Zusammenhang mit der Glücks-falle darüber.

Auch die Sorge, krank zu werden oder sozial nicht akzeptiert zu sein, weil man nicht glücklich genug ist, ist eine Übertrei-bung der guten Idee. Getreu dem Motto: Wer nicht froh und gesund ist, ist selbst daran schuld.

Das berechtigte Streben nach Glück und Wohlbefinden ver-trägt gut eine Portion Selbstlosigkeit und Demut. Sonst könnte es womöglich sein, dass das Glücksstreben auf Kosten anderer durchgesetzt wird.

Die in der Auseinandersetzung mit Glücksforschung und Positiver Psychologie gewonnenen Erkenntnisse werden in der sogenannten zweiten Welle der Positiven Psychologie verarbei-tet. Wohlbefinden wird danach eher dialektisch verstanden. Dabei geht es um die Integration von negativen Zuständen wie Ärger, Kummer oder Trauer. Sie sind ein Korrektiv und Teil des ganz normalen Alltags.

Lösungsorientierte Skepsis kann Teil der Vorbereitung auf zukünftige Ereignisse sein. Das gibt mehr Wahlmöglichkeiten und stärkt das Gefühl der Sicherheit. Pessimismus hat den Vor-teil, dass man Probleme oder Fehler kritischer analysiert und dadurch eventuell besser daraus lernt.

Dem früheren scheinbar grenzenlosen Glückskonzept steht in der dialektischen Positiven Psychologie die Beschränkung und Vereinfachung gegenüber. Die Idee, alles haben zu können und zu wollen, passt nicht mehr in unsere Zeit.

Gute Nachrichten in Sachen Alter

Zur Relativierung des Konzepts gehört auch, zu verstehen, dass Wohlbefinden altersabhängig ist. Erfreulicherweise je älter, desto positiver. Sie können sich die Kurve wie ein V vorstellen, wobei der Tiefpunkt in den Vierzigern liegt. Warum, lässt sich leicht nachvollziehen.

Als Kinder reflektieren wir kaum über unser Wohlbefinden und haben ein wunderbares Talent, Dinge so zu nehmen, wie sie sind. Als Berufseinsteiger haben wir kühne Träume und Ziele. Wir verfügen über viel Kraft, regenerieren uns schnell und wagen auch mal etwas. Es folgen immer ehrgeizigere Karriereziele, die nicht immer erfüllt werden. Mehrfachbelastungen durch Privat- und Berufsleben und die ersten Erkenntnisse, dass das Leben eventuell nicht ganz so läuft, wie erwartet, reduzieren das Glück.

Vor allem aber werden rund um die Lebensmitte andere Fragen gestellt, die Endlichkeit des Lebens wird klarer, ebenso die eigenen Grenzen. Aus dieser Perspektive heraus machen uns Dinge, die wir als Zwanzigjährige erträumt haben, nicht mehr froh. Je älter wir werden, umso mehr leben wir im Augenblick, relativieren und freuen uns an dem, was ist.

Die Trendforscherin Martina Kühn hat für diese lebenslange Veränderung verschiedene Phasen des Umgangs mit Luxus untersucht und beschrieben. Sie spiegeln die verschiedenen Quellen des Wohlbefindens in verschiedenen Lebensaltern wider. Grundsätzlich verschiebt sich das Wertesystem weg vom Haben hin zum Erleben. Zeit z. B. wird, je älter wir werden, umso kostbarer.

In unserer infantilen Phase (Kindheit) wird der Konsumdrang mit dem, was es gibt, befriedigt. Alles wird neugierig und hungrig aufgenommen. In der Adoleszenzphase (Jugend) entwickeln sich Wettbewerbsdruck und der Traum vom sozialen Aufstieg. Der Konsumdruck des »Mehr haben müssen« kompensiert die Angst vor sozialem Abstieg. Danach kommt es in der Maturitätsphase zur Luxusmüdigkeit. Weil wir schon so vieles haben und hatten, nimmt das Glücksgefühl beim Erwerb von Produkten ab. Vor allem dann, wenn Konsum häufig und leicht möglich ist.

Mehr zu haben wird im Lebensverlauf immer weniger wichtig. Stattdessen verschiebt sich der Luxuskonsum vom Produkt zum Erlebnis. Dies kennen wir auch aus der Glücksforschung zum Thema Geld, die sagt, dass materielle Dinge weniger befriedigend sind als gemeinsame Erlebnisse. Schließlich folgt die Senioritätsphase im Alter. Es geht dann um, wie die Trendforscherin es nennt, »Verschlichterung«. Wer mit allem mehr als ausreichend versorgt ist, sehnt sich nach nichts Neuem mehr. Die neue Befriedigung entsteht daraus, dass ich es mir leisten kann, zu verzichten.

Übrigens verbessert sich auch der Erfolg von Wohlbefindenstraining mit zunehmendem Alter. Wahrscheinlich spielen die Lebensweisheit und eine bessere Selbstregulation eine Rolle.

> *Kurz gesagt* Es gibt sie tatsächlich, die Lebensweisheit des Alters. Für das Wohlbefinden heißt das: Je älter wir werden, umso mehr genießen wir den Augenblick und freuen uns an dem, was ist. Das Wissen um die Endlichkeit der Zeit und die Vergänglichkeit materieller Dinge führt zu einer größeren Wertschätzung von dem, was wir schon sind und haben.

Das Recht auf und die Pflicht zum Wohlbefinden

Hier kommt eine weitere Perspektive auf Glück und Wohlbefinden, die sich im Laufe des Lebens ändert: Die Gesundheit des Menschen ist ein Zustand des körperlichen wie geistigen Wohlbefindens. Das kommt Ihnen sicherlich bekannt vor. Es ist sinngemäß die Gesundheitsdefinition der WHO. Sie stammt aus deren Gründungszeit 1948. Es ist bemerkenswert, dass sich das Grundbedürfnis der Menschen bei aller Technisierung und Veränderung der Lebens- und Arbeitswelt nicht geändert hat.

Doch wir haben einen Konflikt: Laut World Happiness Report verbessern sich in vielen Industrieländern seit Jahrzehnten die objektiven Lebensbedingungen, die wirtschaftlichen und technischen Errungenschaften. Dies spiegelt sich jedoch nicht im Befinden der Menschen wider. Wir leben auf höchstem Niveau und sehen und schätzen das kaum. Deshalb können wir nicht oft genug daran erinnert werden, wie gut es uns grundsätzlich geht.

Wussten Sie, dass es einen Welttag des Glücks gibt? Offen gestanden, weiß ich es auch noch nicht sehr lange. Er entspringt der UN RESOLUTION 66/281, verabschiedet am 28. Juni 2012. Die Idee ist, dass die Mitgliedsstaaten mehr Maßnahmen entwickeln, damit sich die Politik das Glück und Wohlbefinden ihrer Bürger zu eigen macht. Das Streben nach Glück wurde als ein grundlegendes menschliches Ziel anerkannt und soll in eine neue Sicht auf Wirtschaftswachstum integriert werden. Um daran zu erinnern, wurde der 20. März zum Internationalen Tag des Glücks erklärt.

Die europäischen Regierungen haben im Rahmen der WHO 2012 außerdem die Agenda »Gesundheit 2020« beschlossen. Dabei geht es um die Verbesserung von Gesundheit und Wohlbefinden der Bevölkerung, Abbau von Ungleichheiten sowie die Stärkung der öffentlichen Gesundheit. Das aus meiner Sicht für gut aufgestellte Länder wie Deutschland wichtigste Ziel ist die Schaffung einer Gesellschaft, die Gesundheit wertschätzt.

Die Bedeutung von Wertschätzung wird uns bei der Beschäftigung mit Wohlbefinden immer begleiten. Denn alles, was wir erreicht haben, nützt uns nichts, wenn wir es nicht zu schätzen wissen. Alle Bemühungen von Organisationen, Ländern,

Unternehmen bringen nichts, wenn der Einzelne sie nicht nutzt und schätzt. So wird es auch mit den Maßnahmen der Bundesregierung sein.

Die Bundeskanzlerin stützt sich auf Erfahrungen aus Frankreich, wo als alternative Faktoren zur Wirtschaftsleistung Gesundheit oder Bildung erfasst wurden. Das Königreich Bhutan misst das Bruttoinlandsglück, und die Industriestaatengemeinschaft OECD hat den »Better Life Index« etabliert. In diesen fließen Sicherheit, Beschäftigung oder Umweltschutz ein. Der Bundestag bildete 2011 eine Kommission »Wachstum, Wohlstand, Lebensqualität«. Seit 2015 finden landesweit Bürgergespräche »Gut leben in Deutschland« statt. Die Bundesregierung will sich damit an den Bedürfnissen der Bürger orientieren.

Diese Vorhaben sind ambitioniert. Gemeinsam haben Wohlbefinden und Gesundheit, dass wir sie alle gern erleben wollen, doch wenig dafür tun. Und ist es so nicht auch mit dem Positiven Denken? Irgendwie wissen wir schon, dass es etwas bringt. Doch Zeit zur Reflexion darüber, wie und was wir denken und was dies für Konsequenzen hat, nehmen wir uns kaum. Höchstens dann, wenn etwas nicht so läuft, wie wir es uns wünschen.

Das Recht auf Wohlbefinden leite ich daraus ab, dass wir in einer Zeit und Welt leben, die alles zu bieten hat, was das moderne Herz begehrt. Wir müssen es nur sehen und nutzen, ob im Beruf oder im Privatleben. Vielleicht haben Sie bislang gedacht, dass Sie Ihr Denken und Fühlen gar nicht beeinflussen können, dass es sozusagen einfach da ist. Weit gefehlt: Wir können Gedanken stoppen, verändern, verbessern oder verschlechtern. Vom Fokus und von der Lenkung der Aufmerksamkeit war schon die Rede.

Wir haben ein Recht auf Wohlbefinden nicht zuletzt, weil wir in einem Land leben, das sich dieses Recht auf die Fahnen geschrieben hat. Auch die Positive Psychologie forscht dafür, dass bis 2050 Menschen weltweit aufblühen, also ihre Potenziale optimal nutzen und unter Bedingungen leben, die das Wohlbefinden leichter machen.

Manche Menschen empfinden das allgegenwärtige Glücksstreben, den Optimierungsdruck, das Rund-um-die-Uhr-in-Bestform-sein-sollen auch als Belastung. Der Druck entsteht, weil sie sich dazu verpflichtet fühlen, gut drauf zu sein.

Tatsächlich haben wir, die wir unter den jetzigen Wohlstandsbedingungen leben, auch eine Art Verpflichtung, die Möglichkeiten, die sich uns bieten, zu nutzen und dafür dankbar zu sein. Sie sind keineswegs selbstverständlich, auch wenn wir sie oft dafür halten. Unsere Erwartungen daran, dass alles immer reibungslos funktioniert, und unsere Bereitschaft, uns zu ärgern, wenn es das einmal nicht tut, sind gleichermaßen ausgeprägt. Manchmal könnte man meinen, uns ist der Sinn für Verhältnismäßigkeit etwas abhanden gekommen.

Es gab und gibt eine altmodische, aber womöglich glücklicher machende Haltung als die weitverbreitete Anspruchshaltung, die ich in Erinnerung bringen möchte, nämlich die Demut. Den Wohlstand und Luxus, in dem wir es uns gemütlich gemacht haben, sollten wir zumindest zu schätzen wissen.

Der Dalai Lama soll einmal gesagt haben, dass Glück geistige Disziplin sei. Das trifft genau, was gemeint ist. Wenn Sie jetzt denken, das ist mit Anstrengung verbunden, stimmt das. Aber mit nützlicher! Erstens, weil wir ohnehin ständig Informationen bewusst und unbewusst verarbeiten, 24 Stunden lang jeden Tag. Zweitens, weil wir in Zeiten ständiger und immer schnellerer Veränderungen im Außen unser Leben selbst mehr in die Hand nehmen müssen. Das beginnt beim Denken. Drittens, weil wir unser Denken am einfachsten beeinflussen können. Immer, überall und sofort.

Aus dem Recht auf Wohlbefinden, das uns diese Zeit, dieser Ort und diese neue Denkkultur ermöglicht, leitet sich auch die Pflicht dazu ab: Wohlbefinden, Gesundheit sowie die guten Alltagsbedingungen dafür wieder zu schätzen, dankbar und selbstverantwortlich das Beste daraus zu machen.

Wohlbefinden ist eine Entscheidung

Ich komme aus Frankfurt am Main von einem gelungenen Vortrag zu einem Gesundheitstag. Schon gestern Abend war ich dorthin angereist, um einen ruhigen Morgen und Zeit für mich zu haben. Auf der Hinfahrt hatte ich erfreut eine Verkürzung der Bahnreisezeit auf nur noch vier Stunden festgestellt. Nun sitze ich im Zug zurück nach Dresden und hoffe wieder auf eine Stunde weniger Reisezeit. Mein Ticket weist allerdings eine Fahrtzeit von fünf Stunden und eine Ankunft um 22:10 Uhr aus. Wie kann das sein? Als wir gegen 20:30 Uhr in Leipzig in den letzten Abschnitt starten, der normalerweise eine Stunde dauert, überlege ich schon, ob mein Ticket eventuell vor der neuen Streckeneröffnung gekauft wurde und ich doch früher als gedacht zu Hause sein könnte. Ich möchte noch kurz ins Büro, und ich muss den nächsten Koffer packen, weil es morgen um 5:30 Uhr aufstehen heißt, um den frühen Zug nach Aarhus zu nehmen. Ein bisschen viel Reisen ist das in dieser Kombination schon, denke ich so für mich, und werde langsam müde. Bis jetzt habe ich viel gearbeitet, nun mache ich es mir in meinem Sitz gemütlich und träume ein bisschen, bis der Zug auf freier Strecke zum Stehen kommt. 20 Minuten vor Dresden warten wir aufgrund von Bauarbeiten eine Dreiviertelstunde, bis wir weiterfahren können. Die Ankunftszeit auf dem Ticket stimmt also doch.

Ich bin enttäuscht, weil ich mir falsche Hoffnungen gemacht habe. Interessant ist, was nun in meinem Kopf abläuft. Ich fange an, mich über die Bahn zu ärgern und über das viele Reisen und dass ich morgen viel zu früh aufstehen muss. Plötzlich fühle ich mich viel müder, als ich es wirklich bin.

Ist es in unserem Alltag nicht häufig so, dass uns Situationen wie diese aus dem Gleichgewicht werfen können? Erfreulicherweise liegt unsere Chance im Konjunktiv, in den Gedanken, die ich mir mache. Weil sie beeinflussen, wie ich mich fühle. Ich könnte weiter an Verspätungen der Bahn denken, an die Dunkelheit morgen früh, dass ich bestimmt nicht so schnell einschlafen kann nach diesem langen Tag. Ich könnte in mich hineinhorchen und fühlen, dass mein Körper vom langen Sitzen träge, der Nacken vom Auf-den-Computer-Schauen angespannt ist. Ich würde Kraftlosigkeit und schlechte Laune finden und mich so fühlen.

Oder aber ich fange meine negativen Gedanken ein. Ich nehme mir vor, dass ich nächstes Mal einfach nachfrage, statt zu hoffen, dass wir früher ankommen. Meine Enttäuschung habe ich mir selbst eingebrockt, sie hat nichts mit der Bahn zu tun. Ich habe auch meine Arbeit und meine Lebensorganisation selbst ausgesucht. Ich hätte einen Tag später nach Aarhus fahren können, und so weiter. Viel zu häufig vergessen wir, dass das, was wir erleben, das Ergebnis unserer eigenen Entscheidungen ist.

Also schalte ich im Kopf auf ein anderes Programm: Möchte ich eine andere Arbeit? Auf keinen Fall. Ich bin dankbar und glücklich damit. Das Reisen ist ein Preis, der kalkulierbar ist. Ich freue mich auch auf meine Reise nach Aarhus und habe heute den ganzen Tag gut für mich gesorgt. Ich hatte gutes Essen dabei, habe morgens meinen Sport absolviert und konnte Pausen machen. Ich suche also nach meiner Energie, die sich nur kurz versteckt hatte. Ich erwecke die Freude an meinem Leben in mir, stelle mir schöne Momente des Tages, wie die guten Gespräche mit den Teilnehmern, vor. Ich denke an meine Freundin, die ich zum Kaffee getroffen hatte. Die guten, frohen Gedanken verändern meine Gefühle relativ schnell. Manchmal dauert es etwas länger, dann nutze ich verschiedene Meditationen, um aus meinen kleinen Stimmungstiefs herauszukommen.

Als Konsequenz laufe ich langsam ins Büro, mache zu Hause schöne Musik an, und obwohl es spät ist, lasse ich mir Zeit mit den Dingen, die vor der nächsten Reise zu erledigen sind. Ich weiß, dass Hetzen mir nicht guttut. Also lasse ich es.

Negative Erfahrungen brauchen umso mehr Wohlbefinden
Glück liegt nicht einfach so im Leben herum – oder fehlt. Am Anfang steht immer eine Entscheidung, ein Programm, das wir für unser Leben zunächst übernehmen, dann wählen. Als Kinder wachsen wir in einer Familie und in einer Umgebung auf, die glücklich oder weniger glücklich ist und mehr oder weniger Sinnvolles dafür tut. Das alles übernehmen wir in den ersten Lebensjahren völlig ungeprüft, ein Kind kann sich nur anpassen. Später sind diese Programme oft automatisiert, und wir fragen immer noch nicht, ob sie gut oder schlecht für uns sind. Erst wenn wir anfangen, unser Leben bewusst zu betrachten und zu überlegen, was die Konsequenzen unseres Denkens und Tuns sind, haben wir eine Chance, bessere Entscheidungen zu treffen.

Oft werde ich gefragt, wie ich zu meinem Optimismus und meiner Ruhe gekommen bin. Zum Glück habe ich viel davon in die Wiege gelegt bekommen. Doch als Schülerin oder Zwanzigjährige hätte ich mich nicht als glücklichen Menschen bezeichnet. Mal fehlten die Freunde, weil ich zu viel gelernt und gearbeitet habe, mal fehlte der Partner. Selten war ich mit mir zufrieden. Nie schlank genug, nie hübsch genug, nie mutig genug. Und in meiner Zeit in der Kanzlei habe ich mich oft nicht froh, weil nicht wertgeschätzt gefühlt.

Ich habe schon beschrieben, dass ich mich entschieden habe, ein glücklicher Mensch zu werden. Dies war besonders wichtig in Bezug auf meine Scheidung. Solche traumatischen Ereignisse kosten oft mehr Kraft, als wir wahrhaben wollen. Doch ich hatte mir schon damals vorgenommen, dass ich ohne Schaden aus dieser Lebenskrise herauskomme. Ich war überzeugt, dass ich noch ein langes, gutes Leben vor mir habe, und mir war klar, dass ich selbst dafür die Weichen stelle. Die Weichen, ob ich eine verbitterte, enttäuschte, einsame Frau werde oder mich auf den Weg ins Glück begebe.

Oft höre ich von Klienten oder in meinem Umfeld nach schlimmen Ereignissen Reaktionen wie »Das werde ich ihm/ihr nie verzeihen«. Was genau ist damit gemeint, und was sind die Konsequenzen? Meist, dass man demjenigen, der einem wehgetan oder einen enttäuscht hat, böse bleibt, damit es dem anderen auch nicht gut geht. Als scheinbarer Ausgleich, aus Rache, zur Entschädigung.

Wird das erreicht? Meist nicht. Entweder die betreffende Person merkt gar nicht, dass wir ihr böse sind und bleiben, weil wir keinen Kontakt mehr haben. Oder aber wir verhalten uns, wenn wir sie treffen, bestrafend, schweigen, schauen böse oder erwidern einen Handschlag nicht. Was bringt das? Nichts oder die Beziehung verschlechtert sich sogar noch weiter. Außenstehende werden uns als das arme Opfer sehen, das über eine Kränkung nicht hinwegkommt. Und wir fühlen uns auch nicht wohl dabei.

Das einzige Ergebnis von »nicht verzeihen können« ist, dass wir uns selbst das Leben schwer machen. Wir tragen die alten Gefühle weiter mit uns herum, obwohl sie uns nur schaden. Nicht nur ist das Geschehene nicht mehr rückgängig oder wiedergutzumachen, sondern auch eine bessere Zukunft wird so verhindert.

Entscheidungen wirken kurz- und langfristig
Unsere Entscheidungen, große wie kleine, stellen Weichen. Die Vollendung meines Glücksziels hat Jahre gedauert.

> Die **Entscheidung** für ein **glückliches Leben** ist wie eine **Grundnavigation**. Alle täglichen Entscheidungen werden daran ausgerichtet.

Wenn Sie Ihre Arbeit, Ihre Ernährung, Ihre Erholung, Ihre Beziehungen an dem Maßstab messen, dass Sie sich wohlfühlen wollen, müssen und werden Sie bessere Entscheidungen treffen. Übrigens profitieren davon auch die Menschen in Ihrem Umfeld. Niemand hat etwas von einer traurigen, abgearbeiteten Freundin oder einem enttäuschten, missmutigen Kollegen.

Dann heißt es dranzubleiben und jeden Tag neu zu entscheiden: Passt das, was ich tue oder lasse, denke und fühle zu meinem Lebenskonzept? Erfreulicherweise können Sie immer anfangen, egal wie alt Sie sind und wo Sie stehen. Sie müssen es nur tun. Mit aller Konsequenz und hundertprozentiger Verbindlichkeit.

Wichtig für Ihr Wohlbefinden ist auch die Einheit von kurzfristigen und langfristigen Komponenten. Gerade in Krisenzeiten benötigen wir beides ganz besonders. Kurzfristiges oder schnelles Glück bringen ein gutes Stück Schokolade oder eine Massage. Von diesen kleinen Glücksmomenten brauchen wir umso mehr, je schlechter es uns gerade geht. Dann haben wir eher die Kraft und Energie, in das langfristige, größere Glück zu investieren. Um sich Hilfe bei einem Coach zu holen, die Arbeit zu wechseln oder neue Lebensziele zu definieren, muss man sich aufraffen. Dazu fehlt manchmal einfach die Energie.

Denken Sie an die Küchenwaage. Gute Entscheidungen, zum Beispiel für eine Massage, führen zur nächsten guten Entscheidung, vielleicht zu einem guten Essen. Ein offenes Gespräch mit einem Freund ist schon eine Investition in sowohl kurzfristiges wie auch längeres Wohlbefinden, denn es hilft im Augenblick, Frust und Schmerz abzubauen, bringt aber auch Einsichten, was in Zukunft anders gemacht werden kann.

Manchmal haben wir auch einfach Glück, indem wir etwas geschenkt bekommen oder zum richtigen Zeitpunkt am richtigen Ort sind, was wiederum sowohl kurz- wie langfristig wirkt – dies kann von uns aber kaum beeinflusst werden.

Gut wäre es, sogenannten psychologischen Reichtum zu entwickeln. Das heißt, kurz- und langfristiges Wohlbefinden zu kombinieren, sich zu engagieren, gute soziale Beziehungen zu pflegen, seine Stärken zu kennen und zu nutzen. Genuss, Dankbarkeit und das Erleben von Sinnhaftigkeit schaffen weiteren mentalen Reichtum. Natürlich gelingt es dem einen besser, dem anderen schlechter, sich diesen Reichtum zu erschaffen oder ihn zu nutzen. Denken Sie an Anlage und Umfeld, die in etwa zu 50 bzw. 10 Prozent mitspielen. Doch der Rest ist wieder ganz viel eigene Entscheidung. Wir wählen ständig, worauf wir unsere Aufmerksamkeit richten, worüber wir reden und nachdenken.

Wohlbefinden gibt es nur manchmal geschenkt. Doch selbst dann benötigt es eine dazu passende gute Entscheidung, der gute Aktivitäten in Denken und Tun folgen. Wir nutzen oder schaden uns kurz- und langfristig durch den Fokus in unserem Leben.

Wohlbefinden braucht passende Aktivität

Glauben Sie, dass dies zwar eine gute Theorie ist, dass aber vieles im Leben nicht in Ihrer Hand liegt? Gehen wir zur Überprüfung konkrete Beispiele durch. Sie können täglich einmal, kein Mal oder mehrmals duschen oder baden, genussvoll oder nicht, mit oder ohne Duft. Was Sie essen, wie oft und wie schnell, mit wem Sie reden, worüber und wie lange, ob Sie Freundschaften schließen, erhalten und pflegen, entscheiden immer wieder Sie selbst. Auch beim Einholen von Hilfe entscheiden Sie. Ob überhaupt, wann und wie. Ob Privatcoaching, kostenlose Mentoring-Angebote im Unternehmen, von der Stadt oder der Kirche. Es gibt zu jeder Ihrer Handlungen Alternativen. Auch womit wir zufrieden sind, bestimmen wir. Es ist eine aktive Wahl, eine jeden Tag neu zu treffende.

Bisher war viel von positiven Emotionen und Entscheidungen und deren Nutzen die Rede. Um der dialektischen Betrachtung gerecht zu werden, möchte ich die negativen Emotionen gleichberechtigt behandeln.

Negative Emotionen werden deutlicher wahrgenommen, weil sie uns mehr zu schaffen machen als positive. Das ist auch gut so, weil wir dann reagieren. Haben wir etwa Panik, weil das Haus brennt, handeln wir. Außerdem führt die Beschäftigung mit Gefahren und Problemen eher zu deren Lösung als das Ignorieren.

Diese starke Fokussierung auf die Gefahr hat verschiedene Auswirkungen. Der Autor James Clear sagt z.B., wir prüfen keine Handlungsmöglichkeiten, sondern folgen der ersten, die uns einfällt. Dafür sorgt der Überlebensinstinkt. So könnte es schlauer sein, in der Wildnis auf einen Baum zu klettern, statt vor einem Tiger davonzulaufen, doch der erste Impuls ist Flucht.

Dies bestätigen Experimente der Psychologin Barbara Fredrickson. Ihren Versuchspersonen wurden Filme gezeigt, die unterschiedliche Gefühle auslösten, etwa Freude, Angst oder Ärger. Danach sollten die Probanden so viele Handlungsoptionen notieren wie möglich. Diejenigen mit den negativen Gefühlen schrieben die wenigsten auf. Wenn man positive Emotionen wie Freude, Liebe oder Verbundenheit erfahren hat, fühlt man sich nicht nur gut, sondern sieht mehr Möglichkeiten, sich zu verhalten.

Die Psychologin Sonja Lyubomirsky weist in der Diskussion über das Verhältnis von glücksrelevanten Lebensumständen zu glücksrelevanten Aktivitäten und Gewohnheiten darauf hin, dass man sich an glückliche neue Lebensumstände, wie etwa nach einer Heirat oder einem freiwilligen Berufswechsel, schnell gewöhnt und dann zum Ausgangsglücksniveau zurückkehrt. Anders bei einschneidenden negativen Ereignissen wie bei einem Unfall, Arbeitslosigkeit oder dem Tod des Partners. Darüber kommen manche Menschen schwer oder gar nicht hinweg. Bei Barbara Fredrickson finden wir übrigens die Erklärung, dass z. B. eine Scheidung so viel negativen Stress verursacht wie sechs Wochen lang jeden Tag einen Verkehrsunfall zu erleben. Das steckt man nicht so einfach weg.

Eine Sonderform schlechter Denkgewohnheiten ist das Abschweifen der Gedanken. Dies macht unglücklich, haben der Psychologe Matthew Killingsworth und Kollegen herausgefunden. Menschen, die gedanklich nicht bei dem sind, was sie tun, sondern mental abwesend, erleben sich eher als unglücklich und unzufrieden. Dabei ist das Abschweifen die Ursache der Unzufriedenheit. Die Forscher fanden außerdem heraus, dass Menschen etwa die Hälfte der Zeit geistig abschweifen, egal, ob sie gerade etwas Angenehmes oder Unangenehmes tun. Es scheint fast ein Prinzip zu sein, gedanklich nicht gegenwärtig zu sein. Die gedankliche Präsenz beim Tun ist für das Wohlbefinden wichtiger als das, was wir tun. Die bewusste Auswahl von geistigen und physischen Aktivitäten bietet die beste Grundlage für anhaltendes verbessertes Wohlbefinden.

Kehren wir zu den positiven Gefühlen zurück. Während sie in uns aktiv sind, entwickeln wir Fähigkeiten, die uns das ganze Leben lang dienen können. So trainieren Kinder, die mit Freude im Chor singen, auch soziale Fähigkeiten und lernen, Stress abzubauen. Positive Emotionen sind dabei weniger das Ergebnis von Erfolgen, sondern vielmehr die Voraussetzung für sie. Durch positive Emotionen lernen wir und erweitern unsere Möglichkeiten.

Geprüftes Wohlbefindenstraining

An dieser Stelle möchte ich Ihnen einige Übungen aus der Positiven Psychologie zur Verbesserung des Wohlbefindens vorstellen.

Was? Die Beschäftigung mit den eigenen Stärken
Wie? Dazu gehört, diese zu erkennen, bewusst einzusetzen oder darüber nachzudenken, in welchen anderen als den gewohnten Situationen Sie sie nutzen können. Hier können Sie Ihre wichtigsten Stärken herausfinden: www.charakterstaerken.org. Sie können auch andere um Rückmeldung zu den eigenen Stärken bitten oder üben, sich anderen mit Ihren Stärken zu präsentieren.

Was? Dankbarkeitsübungen
Wie? Das tägliche Dankbarkeitstagebuch. Notieren Sie z. B. abends drei Dinge, für die Sie dankbar sind und warum. Alternativ: das wöchentliche Dankbarkeitstagebuch; einen Dankes-

brief schreiben an jemanden, der sehr hilfreich war; einen Menschen besuchen, dem man besonders dankbar ist.

Was? Optimismustraining
Wie? Fünf Minuten positives Tagträumen.

Was? Humortraining
Wie? Schreiben Sie abends auf, was sich den Tag über Lustiges, Bizarres, Merkwürdiges ereignet hat.

Was? Aufmerksamkeitstraining für gute Ereignisse
Wie? Das Zählen von angenehmen Ereignissen am Ende des Tages.

Was? Gutes tun
Wie? Fünf gute Taten am Tag oder in der Woche umsetzen.

Was? Achtsamkeit und Akzeptanz
Wie? Regelmäßiges Meditieren

Was? Die Verstärkung von Glück durch Beschäftigung damit.
Wie? Mehrmals am Tag notieren, wo man gerade ist, was man tut, wie man sich dabei fühlt, www.happiness-kurs.com.

Was? Freundliches Verhalten registrieren
Wie? Für jedes freundliche Verhalten eine Murmel, einen Stein, eine Kaffeebohne o.Ä. sammeln.

Was? Das bestmögliche ICH
Wie? Werte und Lebensziele definieren und aufschreiben.

Was? Das Meckern verlernen
Wie? Ein Armband wird von einer Seite auf die andere ge-wechselt, wann immer man sich beschwert: www.complaint-freeworld.biz.

Was? Die Stärkung guter Beziehungen
Wie? Z. B.: »Das Geschenk der Zeit«: Fünf Minuten einer Person die volle Aufmerksamkeit schenken, z. B. zuhören.

Was? Negative Situationen relativieren
Wie? ABDCE: Es werden Argumente gegen eine negative Wahr-nehmung gesucht.

Viele Übungen kann man so umsetzen, wie es einem gefällt. Falls Sie in die Tiefe gehen wollen und sich für Forschungser-gebnisse interessieren, folgen diese gleich.

> *Kurz gesagt* An gute Umstände gewöhnen wir uns zu schnell, an negative manchmal kaum. Wohlbefinden kann und muss man trainieren wie jede andere Fähigkeit auch. Es braucht tägliches Dranbleiben und in schwierigen Situationen besonders viel Gutes.

Das Beste aus dem Wohlbefinden machen

Wenn Sie Ihr Befinden verbessern wollen, kommt es auch da-rauf an, was Sie wie oft, wie lange und mit welcher Motivation tun, und wie gut diese Aktivität zu Ihnen und Ihren Lebensum-ständen passt. Für positive Aktivitäten wie für jedes andere Ver-halten der Selbstoptimierung gilt außerdem: Wir müssen uns entscheiden, anstrengen und überzeugt sein, dass es klappt.

Deshalb ist es auch so eine Herausforderung, betriebliches Gesundheitsmanagement zu etablieren. Ein gutes Angebot heißt noch lange nicht, dass es von jedem Mitarbeiter angenommen wird. Hinzu kommt, dass die Arbeitsumgebung tendenziell eher negativ belegt ist – auch dies erklärt so manche Zurückhaltung.

Barbara Fredrickson haben wir den sehr praktischen und einfachen Hinweis zu verdanken, dass es nützlich ist, bei schlechter Stimmung an etwas Positives zu denken, so, wie ich es auf meiner Zugreise praktiziert habe. Zum einen gleichen die guten Gefühle die negativen in der Wirkung auf Körper und Geist aus. Das heißt, wer etwas Freudvolles erlebt oder denkt, erholt sich zum Beispiel auf Herzkreislaufebene nach einer Angsterfahrung schneller. Zum anderen erleichtert eine positive Stimmung die Wahrnehmung positiver Dinge. Das verbessert die Stimmung und ein positiver Kreislauf entsteht, mit dem wir auch andere »anstecken« können.

Glücksinterventionen helfen durch ihren positiven Einfluss auf Gefühle und Gedanken, Widerstandsfähigkeit gegenüber Bedrohung oder Unglück aufzubauen und sich von negativen Ereignissen zu erholen. Dahinter stehen drei Mechanismen: Positive Emotionen ermöglichen eine Art Auszeit in Stressphasen. Glücksinterventionen relativieren negative Gedanken, indem sie positive stärken. Und normale Alltagsroutinen wie Kochen oder Ausgehen werden positiver wahrgenommen. Im Ergebnis wird häufiger positiv gedacht und interpretiert, und das wiederum fördert das Wohlbefinden.

Was den Erfolg verbessert

Die Psychologin Linda Bolier und Kolleginnen führten eine Meta-Analyse von Interventionen aus der Positiven Psychologie durch. Sie schlussfolgern, dass längere Interventionen (mindestens vier, besser acht Wochen) und individuelle Therapie die beste Wirkung haben.

Um eine schnelle Gewöhnung zu vermeiden, sollten Glücksübungen variiert werden. Und zwar in Bezug darauf, welche, wie viele, wie oft, wann und mit wem sie durchgeführt werden. Die Variabilität in den Methoden bringt bessere Effekte, also z. B. heute drei Dinge, für die ich dankbar bin, notieren, morgen bewusst freundlich sein. Auch die Veränderung in der Häufigkeit, also mal täglich, mal wöchentlich Dankbarkeit trainieren, ist sinnvoll. Generell ist Neues wirkungsvoll für unser Gehirn und damit auch für das Wohlbefinden.

Das kennen wir aus der Theorie des Job Crafting. Bei dieser Strategie zur Verbesserung der Arbeit geht es darum, das zu ändern, was man bei seiner Arbeit beeinflussen kann. Zum Beispiel die Reihenfolge von Abläufen oder die Häufigkeit, mit der man etwas tut, oder mit wem man zusammenarbeitet. Kein Wunder, dass viele Menschen kein Feuer mehr für ihren Job spüren, wenn alles immer haargenau gleich abläuft.

Dies gilt auch beim Sport. Muskeln müssen immer wieder neu gefordert werden, damit sie z. B. wachsen oder Fett verbrennen.

Ein Vorteil positiver Interventionen ist generell, dass die Anwendung das Anzuwendende verbessert. Nutzen Sie z. B. Ihren Optimismus öfter, wächst er, und es wird immer leichter, sich an ihn zu erinnern. Ein weiterer Vorteil ist, dass die Interventionen leicht umzusetzen sind. Die angenehmen Gefühle beim Training sind erhebliche Einflussfaktoren vor allem für die langfristige Anwendung. Daran scheitern alle Reduktionsdiäten. Sie schränken ein und machen keinen Spaß.

Wie immer im Leben gilt auch für die Erreichung des Wohlbefindens: Nützliche Anstrengung ist gefragt. D.h., sich freiwillig entscheiden, dranbleiben, an sich glauben, wiederholen und dabei variieren, was guttut und gerade jetzt passt. Dann verbessert das Üben das Geübte selbst.

Kurz gesagt

Wer profitiert wann?

Setzen Sie bei Wohlbefindensverbesserungen auf Freiwilligkeit und die hohe Erwartung einer Verbesserung. Sie steigern nachweislich den Erfolg. Wer viel erwartet, strengt sich mehr an und hält besser durch. Je länger man dranbleibt, umso größer ist die Erfolgswahrscheinlichkeit. Diese erleichtert wiederum das Dranbleiben.

Am längsten profitierten in Studien Teilnehmer, die von allein dranblieben. Ein Plus des Trainings mit positiven Interventionen ist die Selbstständigkeit bei der Durchführung. Jeder kann sie allein testen und anwenden. Das Gefühl, dass ich selbst etwas tun kann, stärkt das Selbstvertrauen und damit wieder das Tun. Ganz besonders leicht geht dies bei der Nutzung der eigenen Stärken.

Der Psychologe John Maltby und sein Team untersuchten die Verbesserung von Lebensqualität und Wohlbefinden durch den Einsatz eigener Stärken. Wer seine natürlichen Stärken kennt, einsetzt und weiterentwickelt, kultiviert sie nicht nur, sondern profitiert auch am meisten in Sachen Wohlbefinden. Die Verbesserung des Wohlbefindens führt außerdem zur Verbesserung geistiger und körperlicher Gesundheit.

Dass unsere Einstellung über Art und Wirkung der Anstrengung mitentscheidet, haben wir schon selbst erfahren. Doch gilt das für alle Menschen gleichermaßen?

Martin Seligman forscht viel zum Thema Depression. Es zeigt sich immer wieder, dass positive Interventionen die Lebenszufriedenheit vergrößern und depressive Symptome verringern. Das Schreiben über drei gute Dinge im Leben und der Einsatz der eigenen Stärken in neuem Kontext zeigen sich langfristig als am erfolgreichsten. Die Identifikation und das Nutzen der eigenen Stärken scheinen eine positive Schlüsselstellung zu haben.

Bei Depressiven könnten gewohnte Denk- und Verhaltensmodelle der vollen Wirkung der Intervention im Weg stehen. Das kennen wir aus der Arbeit mit Affirmationen. Ein Satz wie »Ich bin richtig« kann noch unglücklicher machen, weil er so konträr zum üblichen Denken ist. Depressive könnten von angenehmen Aktivitäten mehr profitieren als von Reflexionsübungen über Sinn und Dankbarkeit. Warum, ist einfach nachvollziehbar: Wenn ich einer anderen Person einen Dankbarkeitsbrief schreibe oder etwas Gutes tue, bekomme ich sofort ein positives Feedback. Wenn jedoch Menschen, die sich ohnehin zu viel in ihrer eigenen (negativen) Gedankenwelt bewegen, noch mehr reflektieren sollen, kann das die nächste Frustrationsschleife werden.

Andererseits haben Depressive mehr Verbesserungsspielraum. Der Unterschied in der Wirkung könnte vom Ausprägungsgrad abhängen. Also ob es sich um depressive Symptome handelt, die sich meist verbessern, oder um eine Depression.

Ein besonderer Nutzen von positiven Interventionen wurde interessanterweise für Gestresste und extrovertierte Menschen gezeigt, die offen für neue Erfahrungen sind.

Beginnen Sie bei Ihrer Einstellung, wenn Sie positive Aktivitäten planen. Wenn Sie Ihr Wohlbefinden wirklich verbessern möchten, überzeugt sind, dass dies gelingt, sich deshalb anstrengen und selbstständig dranbleiben, bis Erfolgserlebnisse Ihre Motivation weiter stärken, sind Sie auf der Gewinnerseite.

Kurz gesagt

Die Wohlbefindensirrtümer

In unserer Kultur haben wir eine deutliche Trennung in Schwarz (Arbeit) und Weiß (Freizeit), wenn es um das Thema Wohlbefinden geht. Vielleicht würden auch Sie sagen, dass Sie sich beim Ausruhen im privaten Umfeld am wohlsten fühlen? Sie können dabei Sie selbst sein, tun und anhaben, was Sie wollen. Sie müssen sich nicht verstellen und tanken Kraft nach den Anstrengungen des Arbeitstages? Weit gefehlt! Aus Untersuchungen zum »Flow«-Zustand, also dem Aufgehen im eigenen Tun, wissen wir, dass angemessene Anstrengung für Bestleistung nötig ist und das beste Befinden bringt.

Das anstrengungsfreie Privatleben
Die Psychologen Mihaly Csikszentmihalyi und Judith LeFevre haben ihre Versuchspersonen gefragt, wann »Flow-Momente«, also hohe Anforderungen kombiniert mit dem Gefühl, viele eigene Möglichkeiten zur Bewältigung zu haben, besonders oft zusammentreffen. Das ist bei der Arbeit! Mehr als dreimal so oft, nämlich 54 Prozent im Vergleich zu 17 Prozent in der Freizeit. Flow ist meist das Gegenteil von Routine. Der häufigste Flow-Moment außerhalb der Arbeit war das Autofahren. Einerseits wissen wir, dass Autofahren vor allem auf dem Arbeitsweg Stress auslösen kann. Andererseits hat genau eine solche

zu meisternde Anstrengung das Potenzial, Wohlbefinden zu erzeugen.

Der große Widerspruch in den Aussagen der Studienteilnehmer ist wie im richtigen Leben, dass bei der Arbeit durch den häufigeren Flow-Zustand die größten Potenziale für Wohlbefinden liegen. Die Freizeit hingegen wird oft durch Gewohnheiten, Routine und Bequemlichkeit bestimmt. Doch die Teilnehmer der Studie sagten, sie würden lieber etwas anderes tun, als zu arbeiten. Wahrscheinlich führte das Pflichtgefühl, das »Müssen« bei der Arbeit dazu, dass das verfügbare Wohlbefinden nicht erlebt wurde. Leider hat diese Fehlwahrnehmung Konsequenzen für den Einzelnen, die Unternehmen und die Gesellschaft. Menschen versuchen, mehr von dem zu haben, was ihnen nicht so guttut: die faule Freizeit. Und sie wollen weniger von dem, was Wohlbefinden bringt: die anspruchsvolle Arbeit. Es herrscht die Idee vor, sich in der Freizeit endlich weniger anzustrengen, sich gehen zu lassen und sich mit Nichtstun für die Anstrengung bei der Arbeit zu belohnen. Dabei könnten wir auch privat nützliche Herausforderungen gut gebrauchen. Das Herumhängen bringt sogar eher negative Gefühle. Unser Gehirn zeigt uns, was es mag und braucht. Auf neue Reize und Lernen reagiert es mit Dopamin, dem Wohlfühlhormon. Positive Anstrengung im Privatleben vermittelt außerdem das Gefühl von Stärke, von Machbarkeit und reduziert somit das Stresserleben.

Die Parallele zum Sport drängt sich wieder auf. Kaum eine Sportart macht einfach so Spaß. Egal, auf welchem Niveau, Überwindung, Muskelkater, Dranbleiben gehören dazu. Viele kennen das Gefühl, gerade so gar keine Lust auf Sport zu haben. Aber eben auch das Glück und Wohlbefinden, wenn wir uns dann doch aufraffen und der Körper es uns dankt.

Denken wir neu. Sehen wir die Arbeit statt als lästige und anstrengende Pflicht als eine Tätigkeit, bei der wir uns auf gute Weise durch Einsatz unserer Stärken anstrengen. Wahrscheinlich müssen wir diese Denkweise sogar nur wiederfinden. Viele sind als Berufsanfänger mit viel Elan und genau dieser Einstellung gestartet. Sehen wir den Sport statt als qualvolles Muss zum Ausgleich von zu viel essen und sitzen lieber als Mittel zum Zweck des Wohlbefindens und damit der Gesundheit. Sehen wir die dafür nötige Disziplin nicht als Kampf gegen sich, sondern für sich.

Wir strengen uns bei der Arbeit zu viel und auf die falsche Weise an – und im Privatleben zu wenig auf die richtige. Wenn wir uns etwas über den gegenwärtigen Leistungsgrenzen fordern, erhalten wir alles, was wir uns wünschen: Leistungsfähigkeit, Erfolg, Wachstum, Wohlbefinden, Gesundheit, einen flexiblen Geist.

Kurz gesagt

Kurzfristige Belohnungen

Ein ähnliches Prinzip gilt bei der Frage, wie wir unsere Überanstrengungen ausgleichen. Für viele von uns ist essen oder sich etwas gönnen, wie Kleidung, Technik oder Ähnliches, ein solcher Ausgleich oder eine Belohnung, weil wir anderes im Leben vermissen. Oder weil wir generell nicht gut genug für uns sorgen und das Bedürfnis nach schneller Freude groß ist. Leider ist es weniger die Summe einzelner schneller Bedürfnisbefriedigungen, die zu mehr Wohlbefinden führt, sondern die langfristige Entscheidung für ein Ziel. Dazu gehört manchmal auch Verzicht. Dafür gewinnt man später etwas Schöneres, eben die Wunschform oder ein Polster für ein gutes Leben im Alter.

Übrigens glaube ich keinesfalls, dass man für sein Wunschgewicht hungern sollte oder nur noch ganz wenig essen darf. Ganz im Gegenteil: Nur wenn der Stoffwechsel läuft, kann Fettverbrennung stattfinden. Es geht darum, ein Konzept zu haben, das Ihnen guttut, zu Ihnen passt und sich im besten Fall auch schon bewährt hat. Ob dies Fettreduktion ist oder ein Insulinkonzept oder Trennkost, ist völlig egal.

Verzicht kann im Fall des Insulinkonzepts bedeuten, abends konsequent das Brot wegzulassen, aber trotzdem reichlich zu essen. In der Regel ist genau das die Herausforderung. Nicht zwischen der Weihnachtsvöllerei und FdH von einem Extrem zum anderen zu springen und von einem »sich gehen lassen« zu Überforderung zu wechseln, sondern ein Konzept einzuhalten.

Wenn Ihnen das Einhalten von langfristig nützlichen Regeln beim Sparen, Essen, Trinken, Computerspielen u. Ä. trotz der kleinen Anstrengung mehr Freude bereitet, als sich der Versuchung hinzugeben, dann haben Sie es geschafft.

> **Kurz gesagt** Kurzfristig gedachte Belohnungen und kurzfristiges »sich gehen lassen« sorgen nur für kurzfristiges Wohlbefinden. Langfristig kehren sie sich oft in das Gegenteil um. Die kleine Anstrengung im Jetzt würde die große Anstrengung im Später verhindern.

Vergnügen, das uns betrügt

Eine weitere Erkenntnis aus Barbara Fredricksons Arbeit ist, dass die Art und Herkunft des Glücks über seine gesundheitliche Wirkung entscheidet. Zum einen kennt die Glücksforschung das sogenannte hedonistische Glück. Es entsteht durch eine kurzfristige Befriedigung, z. B. durch gutes Essen oder einen guten Film. Die zweite Form ist das eudämonistische. Es entspringt einem tieferen Sinn, einem Engagement für höhere

Ziele, wie z. B. die Arbeit in einem Verein. Beide Formen bringen Wohlbefinden und führen in Experimenten zu Stress- und Depressionsreduktion sowie zu gesundheitlichen Vorteilen.

Auf der Ebene der Immunzellen macht es jedoch einen Unterschied, um welches Glück es sich handelt. Chronischer Stress führt zu Entzündungsreaktionen und zahlreichen Erkrankungen wie Arthrose oder Herzerkrankungen. Nur das eudämonistische Glück reduziert das Stressprofil des untersuchten CTRA Stress-Gens. Hedonistisches Glück lässt das Stressprofil des Stress-Gens sogar anwachsen.

Die Studienleiterin vergleicht dieses Ergebnis mit »versteckten Kalorien«. Wir konsumieren schnelles Vergnügen und zahlen langfristig mit unserer Gesundheit. Ihre Erklärung ist, dass wir durch das schnelle Vergnügen nichts lernen, weder, unsere Aufmerksamkeit für uns oder den Augenblick zu vergrößern, noch in unserer Entwicklung vorwärts zu kommen.

Sonja Lyubomirsky und Kollegen haben ebenso gezeigt, dass die Beschäftigung mit »höherem Glück«, wie z. B. den eigenen Werten, als Schutzschild für Körper und Geist dient. Ihre Versuchspersonen wählten aus einer Werteliste den für sie wichtigsten aus, beschrieben, warum er wichtig ist, und fanden Beispiele aus ihrem Leben dazu. Die Konzentration auf bestimmte positive Gedanken wirkt ähnlich wie das Immunsystem des Körpers: zum einen schützend bei anstehenden unangenehmen Situationen, zum anderen in ungefährlichen Situationen präventiv für die Zukunft. In dieser Untersuchung verbesserten die Versuchsteilnehmer vor allem das eudämonistische Wohlbefinden und waren dadurch gegen künftige negative Informationen gewappnet.

Die Quelle des Glücks entscheidet über dessen Wert für uns. Nur Glück, das mit nützlicher Anstrengung erreicht wird, schützt unsere körperliche und psychische Gesundheit. Die schnelllebigen Vergnügungen in unserem Alltag können sogar schaden.

Wohlbefindenstheorien auf dem Praxisprüfstand

Die Hauptziele positiver Interventionen sind es, das Wohlbefinden einer Person zu erhöhen und/oder depressive Gefühle zu verringern. Dabei geht es um bewusste Aktivitäten, die zur Neuausrichtung der Aufmerksamkeit und Erwartung, zu neuen Gedanken, Gefühlen und Handlungen führen. Weg von der Hoffnung auf die Superglücksbringer hin zu den kleinen Erfolgen und guten Dingen des Alltags. Weg von den wenigen Jokern, auf die wir so viel setzen, hin zu einem generell guten Lebensgefühl. Wem es gut geht, der engagiert sich häufiger und leichter in angenehmen, freudvollen Aktivitäten. Das verbessert wiederum die Stimmung. Wenn ich schlecht drauf bin, kann ich mich schlechter zu angenehmen Unternehmungen aufraffen. Damit verbessere ich auch meine Stimmung nicht.

Ob man »so tun kann als ob« ist noch umstritten. Die Psychologin Barbara L. Fredrickson sagt, das ginge nicht, weil wir die guten Gefühle auch fühlen müssen. Ansonsten belügen wir den Körper und der macht nicht mit. Die ZEIT online-Journalistin Ute Eberle fand heraus, es sei egal, ob die Gefühle echt sind oder künstlich hervorgerufen werden.

Der Hallenser Psychologe René Proyer untersuchte den positiven Einfluss von Charakterstärken wie Hoffnung, Dankbarkeit und Neugier auf die Lebenszufriedenheit. Ein Nebenergebnis seiner Studie war, dass sowohl die Trainings- als auch die

Kontrollgruppe den subjektiven Eindruck hatten, dass sie von der Teilnahme profitierten.

Ich schlussfolgere daraus, dass schon allein die Absicht, sein Wohlbefinden zu verbessern, eine entsprechende Wirkung auf dieses hat. Ich wollte genau wissen, was passiert, wenn Menschen sich nur kurz mit ihrem Wohlbefinden befassen und entschied mich für eine Überprüfung.

Wohlbefinden macht es uns ganz leicht. Allein die **Absicht**, etwas dafür zu tun, **verbessert** es.

Das Konzept für den Arbeitsalltag

Die wissenschaftlichen Arbeiten zum Thema Wohlbefinden haben gezeigt, dass die eigene Haltung bestimmt, wie lange und intensiv wir an dessen Verbesserung dranbleiben. Fühlen wir uns dabei gut, richtet dies unsere Wahrnehmung positiv aus und erleichtert passendes Verhalten. Es ist ein Wohlbefindenskreislauf, der sich selbst verstärkt. Der wirksamste Einstiegspunkt müsste folglich die Haltung sein.

Wenn das stimmt, müsste eine Stunde Beschäftigung mit einer positiven Haltung zu sich und dem eigenen Wohlbefinden dieses verbessern. Genau da habe ich angesetzt und angefangen, die diesbezügliche Wirkung meiner Vorträge zu messen. Einmal direkt davor, einmal danach. Ich ließ mir von den Forschern der Happiness Research Organisation praxisbewährte Fragen zusammenstellen, die Wohlbefinden und Leistungsfähigkeit besonders gut und einfach abbilden:

1. Alles in allem, wie glücklich, würden Sie sagen, sind Sie?
2. Alles in allem, wie zufrieden sind Sie gegenwärtig mit Ihrem Leben?
3. Ich führe ein absichtsvolles und sinnvolles Leben.
4. Wie produktiv erleben Sie sich generell an Ihrem Arbeitsplatz?
5. Mein Job begeistert mich.

Aus den Antworten habe ich Durchschnittswerte ermittelt.

Stellen Sie sich das so vor: Ihr Arbeitgeber hat zu einem Gesundheitstag eingeladen. Manche freuen sich darüber, andere halten es für überflüssig. In jedem Fall hat keiner Zeit und muss vor- oder nacharbeiten. Die Stimmung ist so, wie sie immer ist, die Anspannung größtenteils hoch, der Zeitdruck auch. Wenn Sie sich dann entscheiden, zu meinem Vortrag zu erscheinen, finden Sie neben der Schokolade auf Ihrem Platz einen Fragebogen, den ich Sie bitte, als Erstes auszufüllen. Da Sie aus Ihrem ganz normalen Arbeitsalltag kommen, dürften die Fragen gut widerspiegeln, wie es Ihnen gerade geht.

Dann folgt unsere gemeinsame Zeit. Ich erkläre Ihnen, wie wichtig es ist, dass es Ihnen gut geht. Ich frage Sie, wie Sie alles schaffen, was Sie schaffen. Ich zeige, wie das Gehirn auf Druck, Anspannung und negativen Stress reagiert und wie Sie selbst sofort besser für sich sorgen können. Vor allem aber gewinne ich Sie dafür, sich selbst wichtiger zu nehmen. Oft merke ich an den Gesichtern meiner Zuhörer, wie sie ins Nachdenken kommen, dass sie berührt sind oder froh. Nach dem Vortrag werden wieder die Fragebögen ausgefüllt, und zurück im Büro kommt die Stunde der Wahrheit. Reicht es wirklich, eine Stunde in sein Wohlbefinden zu investieren?

Auffällig ist, dass die von mir wahrgenommene gute Atmosphäre im Team sich im Fragebogen nicht immer widerspiegelt. Ich wundere mich, dass ich Extremwerte erlebe, also zum Beispiel Menschen, die sich als sehr unglücklich und unzufrieden, aber hoch produktiv einstufen. Ein Teilnehmer erzählte mir einmal nach einem Vortrag, dass er seit Jahren wegen schwerer Depressionen in Behandlung sei und seine Arbeit ihn jeden Tag retten würde. Er stehe auf, tue etwas Sinnvolles und das wolle er gut machen. Die Anstrengung ist in diesem Fall hilfreich. Sie gibt ihm Halt im Leben, gleichzeitig bleibt er trotz Erkrankung ein wertvoller Arbeitnehmer. Doch nun zu den Ergebnissen aus den Fragebögen.

Die durchschnittlichen Ausgangswerte sind:

Wohlbefinden (Skala 0–10)	6,73
Zufriedenheit (Skala 0–10)	6,95
Sinn (Skala 0–6)	4,69
Produktivität (Skala 0–10)	7,13
Engagement für die Arbeit (Skala 0–6)	4,24

Für Wohlbefinden und Zufriedenheit liegen meine Daten etwas unter dem OECD Better Life Index. Er misst auf einer Skala von 0 bis 10, wie zufrieden Menschen generell gerade mit ihrem Leben sind. In Deutschland liegen wir bei 7,0, und damit höher als der weltweite Durchschnitt von 6,6, wobei Frauen eine 7,0 geben, Männer eine 6,9. Zum Vergleich: Die Schweizer liegen bei 7,5, die »glücklichen« Dänen ebenso. Im World Happiness Report von 2016 hat Deutschland gegenüber den dortigen Bewertungen der letzten Jahre aufgeholt und landet auf Platz 16 mit einem Glücksdurchschnitt von 6,99.

Ursache für meine etwas geringeren Werte könnte sein, dass ich im Arbeitsumfeld messe und die erlebten Anstrengungen des Tages sich auf die Beurteilung des Befindens auswirken.

Die eigene Haltung zu Wohlbefinden zu überdenken, ist die erste und wirksamste Investition in eine Verbesserung.

Die eigene Arbeit in Zahlen

Nun sind Sie bestimmt schon ganz gespannt auf die Ergebnisse. Dies ist auch immer mein großer Moment. Egal, ob Menschen in dunklen Anzügen vor mir sitzen, ob Erzieher oder Ärzte, manchmal ist es von der Bühne aus schwer nachvollziehbar, was in ihnen passiert. Deshalb werte ich die Fragebögen immer schnell aus. Ich gestehe, es gab durchaus Momente, wo ich Zweifel hatte, ob ich mein Publikum mit meiner Botschaft erreicht habe. Doch immer, absolut immer gibt es eine Verbesserung! Die durchschnittliche Steigerung ist:

Wohlbefinden	11,07 Prozent
Zufriedenheit	8,14 Prozent
Sinn	3,95 Prozent
Produktivität	5,34 Prozent
Engagement für die Arbeit	4,42 Prozent

Um Ihnen ein Gefühl für die beeindruckende Wirkung zu geben, hier ein Vergleich: Sie könnten durch diese Produktivitätssteigerung in der gleichen Arbeitszeit ohne mehr Anstrengung mindestens 5 Prozent mehr erreichen. Das ist so viel wie 100 Arbeitsstunden mehr im Jahr. Dies könnte z. B. nach einer Umstrukturierung und bei neuen oder mehr Aufgaben hilfreich sein.

Interessiert hat mich auch, wie lange die Wirkung anhält. Jemanden nach vier Wochen dazu zu bewegen, noch einmal einen Fragebogen auszufüllen, ist nicht ganz einfach, deswegen ist die Datenlage etwas dünner. Auf jeden Fall zeigt sich, dass die Werte nicht mehr so hoch sind wie direkt nach dem Vortrag, aber höher als vorher. Es müsste in der Zwischenzeit eine Erinnerung oder Fortsetzung geben, damit die Zahlen ähnlich hoch bleiben.

Eine besondere Personengruppe möchte ich ganz explizit erwähnen, nämlich eine Selbsthilfegruppe Multiple Sklerose, mit der ich ebenfalls zusammengearbeitet habe. Ich fragte mich im Vorfeld, ob für diese Personengruppe andere Spielregeln gelten. Ob Menschen, die an einer schweren und kaum steuerbaren Krankheit leiden und wissen, dass sie über kurz oder lang in ihrem Alltag eingeschränkt und sogar vom Berufsleben ausgeschlossen sein könnten, anders reagieren als andere. Die Ausgangswerte waren in der Tat niedriger als im Durchschnitt, allerdings auch nicht am niedrigsten. In einigen Unternehmen habe ich Werte darunter gefunden.

Wohlbefinden	5,86 Prozent
Zufriedenheit	6,08 Prozent
Sinn	4,33 Prozent
Produktivität	6,15 Prozent
Engagement für die Arbeit	3,84 Prozent

Die Möglichkeiten für Verbesserung interessierten mich besonders. Hat jemand, der von einem niedrigeren Ausgangswert startet, generell größere Verbesserungsmöglichkeiten, weil es mehr Luft nach oben gibt? Oder gerade nicht, weil Lebenssituation oder Persönlichkeit nicht mehr hergeben? Zu meiner großen Freude gab es eine deutliche Verbesserung vor allem des Wohlbefindens, der Zufriedenheit und Produktivität. Dies bestätigt, wie schnell das Wohlbefinden auf Zuwendung reagiert und dass es immer verbesserbar ist. Das Engagement für die Arbeit wurde nicht von allen und nicht einheitlich bewertet.

Wohlbefinden	16,92 Prozent
Zufriedenheit	11,68 Prozent
Sinn	3,17 Prozent
Produktivität	10,83 Prozent
Engagement für die Arbeit	-0,08 Prozent

Diejenigen unter Ihnen, die wissenschaftlich denken, haben beim Lesen bestimmt hier und da ihre Bedenken bezüglich meiner Vorgehensweise. Das verstehe ich vollkommen. Mein Anspruch war nicht, anhand kontrollierter Bedingungen eine wissenschaftliche Aussage zu treffen, sondern einen Trend zu zeigen und den Menschen, die es interessiert, eine Gesprächsgrundlage und einen Startpunkt zu geben.

 Eine Stunde interaktive Beschäftigung mit einer positiven Haltung zu sich und dem eigenen Wohlbefinden verbessert dies immer und überall.

Das Wohlbefindensfazit

Vermutlich erwarten Sie von mir, dass ich zum Abschluss dieses Kapitels noch einmal betone, wie wichtig die Entscheidung für mehr Wohlbefinden im eigenen Leben ist. Vielleicht haben Sie nur mal reingelesen und eigentlich gar keine Lust mehr auf das Thema, weil es überstrapaziert ist und aus Ihrer Wahrnehmung nichts mit der Realität zu tun hat?

Viele Menschen erzählen mir, dass sie dieses »positive Getue« nicht mehr hören könnten. Ihr Leben sei ganz anders. Aus meiner Sicht heißt das jedoch nicht, dass die Absicht, sich wohlzufühlen, falsch wäre. Gerade wenn das Leben schwierig ist, ist es eine gute und wichtige Absicht. Woher sollen Kraft,

Energie, Durchhaltevermögen, die Geduld für Neuanfänge u. Ä. sonst kommen?

Die Zeiten werden weder ruhiger noch unbedingt erfreulicher und der Wandel wird nicht langsamer. Je mehr die Welt sich ändert, umso mehr sind wir selbst gefragt. Gefragt, uns zu positionieren und eine Wahl zu treffen, ob wir uns raushalten, mitmachen, dagegen sind oder uns für ein gutes Leben für uns und damit auch andere einsetzen. Je mehr wir arbeiten wollen oder sollen, je mehr wir uns sinnvoll anstrengen wollen oder sollen, je mehr wir erreichen wollen oder sollen, umso mehr Ressourcen brauchen wir dafür. Wir haben sie, und wir können sie erhalten und ausbauen. Ich möchte Sie in dem Glauben an Ihre Möglichkeiten bestärken und nun abschließend zeigen, warum ich so auf das Thema Wohlbefinden setze und wie sich die Theorie dazu ebenfalls weiterentwickelt.

Martin Seligman befasst sich als einer der Begründer der Positiven Psychologie immer wieder mit der theoretischen Auseinandersetzung um die Begriffe Glück und Wohlbefinden. Oft wird kritisiert, dass es keine Definitionen, sondern nur Beschreibungen gibt. Unter praktischen Gesichtspunkten ist dies für uns nicht so wichtig. Wichtig aber ist die Diskussion der Unterscheidung zwischen authentischem Glück und der Theorie des Wohlbefindens, weil sie uns zu einem tieferen Verständnis des Themas führt.

Mehrdimensionales Wohlbefinden

In der authentischen Glückstheorie ist Glück der zentrale Punkt der Positiven Psychologie. Sie beschreibt Glück durch drei messbare Elemente, deren Ergebnis Lebenszufriedenheit ist. Das sind als Erstes positive Emotionen (wie Liebe, Freude, Wärme), die zu einem angenehmen Leben führen.

Der Aufwand für gute Gefühle muss nicht hoch sein. Sie können sogar durch negatives Tun wie Drogenkonsum erreicht werden.

Der zweite Bestandteil, Engagement, führt über den Einsatz von Stärken in den Flow-Zustand. Je besser wir unsere Stärken kennen und einsetzen, umso größer ist die Wahrscheinlichkeit, in Flow zu kommen. Der Preis ist allerdings Einsatz und Anstrengung.

Der dritte Bestandteil ist Sinn. Menschen streben unbedingt nach Bedeutung und Sinn im Leben. Das heißt, einer größeren Aufgabe zu dienen, zu einem größeren Ganzen zu gehören wie der Familie, einer Partei oder Vereinigung.

Der authentische Glücksansatz ist eindimensional. Im Zentrum stehen die guten Gefühle. Wir entscheiden uns danach, wie glücklich uns selbst etwas macht und wie viel Lebenszufriedenheit etwas bringt. Das Ziel der Positiven Psychologie wäre hier folglich, die Glücksmenge im eigenen Leben und dadurch in der Gesellschaft insgesamt zu steigern.

In der Wohlbefindenstheorie ist Wohlbefinden der Gegenstand der Positiven Psychologie und ein Konstrukt, das aus fünf Elementen besteht: positive Emotionen, Engagement, Beziehungen, Sinn und Zielerreichung. Keines davon kann Wohlbefinden definieren, aber jedes fördert es.

Der Wohlbefindensansatz ist mehrdimensional, weil wir nicht nur unser individuelles Glück als Entscheidungskriterium nehmen, sondern alle fünf Elemente einbeziehen. Wohlbefinden existiert dadurch nicht nur in unserem Kopf, sondern durch unsere Beziehungen zu unserer Umwelt. Das Ziel der Positiven Psychologie wäre hier das sogenannte »Aufblühen« von Menschen: die Entfaltung unserer besten Seiten für das eigene Leben in unserer Umwelt.

Martin Seligman führt als wichtiges Beispiel für die Grenze

der authentischen Glückstheorie an, dass wir für unsere Glücks-
maximierung niemals unsere gebrechlichen Eltern pflegen würden, unter Beziehungs- und Sinnaspekten allerdings schon.

> Es geht nicht mehr um individuelle
> Glückssteigerung, sondern darum, mit
> **guten Gefühlen** und **Engagement**
> **Sinnvolles** für sich und andere zu tun und
> zu **genießen**, wenn das klappt.

Die Top 10 Tipps fürs Glück der Organisation »Action for Happiness« sind eine gute Orientierung für die Umsetzung des Wohl-
befindensansatzes:

Fürsorge – als magische Zahl gilt zwei Stunden pro Woche –, stabile Beziehungen, körperliche Aktivität, mit Ihren
Gedanken dort sein, wo Sie sind, Lernen, Vorfreude, Überwindung von Schwierigkeiten, ein positiver Fokus, freundliche
Selbstakzeptanz, ein Lebenszweck oder das Gefühl eines tieferen Sinns im Tun sind gut zu beeinflussende Wohlbefindens-
garantien.

Die Neudefinition von Wohlbefinden

Wie kann man die Definition von Wohlbefinden einfacher,
messbarer und für jeden zugänglich machen? An der Cardiff
Metropolitan University wurde unter der Leitung der Kinder-
ärztin Rachel Dodge daran gearbeitet. Die Forscher stellten dabei die Herausforderungen und Möglichkeiten einer Person
in den Mittelpunkt und verstehen Wohlbefinden als Entwick-
lungsprozess. Wenn Menschen auf neue Herausforderungen

treffen, gerät ihr System von bisher aufeinander abgestimmten Ressourcen und Anforderungen erst einmal aus der Balance. Der Mensch passt sich im besten Fall mithilfe seiner Ressourcen an. Daraus folgt, dass stabiles Wohlbefinden dann entsteht, wenn ein Individuum die psychologischen, sozialen und physischen Ressourcen hat, die es braucht, um einer psychologischen, sozialen und/oder physiologischen Anforderung gerecht zu werden. Oder kurz gesagt:

Wenn die vorhandenen individuellen **Ressourcen** an die jeweiligen **Anforderungen** angepasst werden, wird dies mit **Wohlbefinden** belohnt.

Wohlbefinden klang immer so gemütlich nach Urlaub machen und sich zurücklehnen. Doch es ist im Gegenteil ein ständiger Prozess und Aktivität. Demzufolge werden Menschen in der aktuellen Positiven Psychologie als Entscheider, als Wählende verstanden. Sie haben die Chance und die Notwendigkeit, sich zu entwickeln.

Glück ist nicht einfach so da. Es muss gelernt, gesichert, weiterentwickelt werden. Die Positive Psychologie soll und will lehren, wie der Einzelne sich mit seinen und durch seine Anforderungen entwickeln kann.

Einer, der dies lehrt, ist der Psychologe Hans Henrik Knoop von der Universität in Aarhus. Dänemark bildet als erstes Land der Welt institutionell Lehrer in Positiver Psychologie aus. Die Erfahrungen dabei werden mit Kollegen aus anderen Ländern verglichen, sodass Hans Henrik Knoop nicht nur den »glücklichen Blick« der Dänen hat, sondern auch internationale Erfahrung. Zwischen Pizza und Kaffee tauschten wir unsere Sicht auf die Dinge aus. Als Wissenschaftler drückt sich mein Gesprächspartner theoretisch sehr fundiert aus. Es ist eine Freude und Herausforderung, mitzudenken. Doch ich suchte nach einer Abkürzung in eine erfolgreiche Praxis. Und tatsächlich bekam ich den Hinweis, wie man alles auf eine kurze Formel bringen kann. Henrik Knoop beschrieb, dass sich über alle kulturellen Unterschiede hinweg eine Essenz ergibt:

Gutes kommt von **Gutem**.
Sie können sich bei allem,
was Sie **denken** und **tun** fragen:
Bringt mir das das gewünschte
gute **Ergebnis**?

Wenn ich mich endlos über Nachbarn, Kollegen oder Kinder ärgere, kann das ein gutes Ergebnis bringen? Wenn ich vor dem Fernseher einschlafe, kann das ein gutes Ergebnis bringen? Wenn ich dieser alten Dame über die Straße helfe, kann das ein gutes Ergebnis bringen? Wenn ich die Flasche Wein leere, kann das ein gutes Ergebnis bringen? Wenn ich der Kollegin die Tür aufhalte, kann das ein gutes Ergebnis bringen?

Wenn wir uns nun noch einmal daran erinnern, dass ein Verhältnis von 3:1 von positiven zu negativen Emotionen für stabile Gesundheit, Teams und Beziehungen gefragt ist, heißt das: Sofort anfangen und nie aufhören!

Wohlbefinden entsteht im Nutzungsprozess der eigenen Stärken und Ressourcen, ist durch angemessene
Anstrengung, eine Langzeitperspektive und gemeinsam
mit anderen am besten zu erreichen. Gut denken befördert gut
fühlen, gute Aktivitäten befördern gute Ergebnisse. Die gute
Absicht, für sein Wohlbefinden zu sorgen, die Überzeugung,
dass dies auch geht, und die Entscheidung, für diese Art zu leben, sind der nötige Rahmen.

3 Anstrengung,
die Wohlbefinden garantiert

Nachdem wir Anstrengung und Wohlbefinden aus verschiedenen Perspektiven betrachtet und ihre wahre Natur erkundet haben, wage ich mich daran, ein paar einfache Regeln aufzustellen, die Sie sofort anwenden können. Mit der Einfachheit ist es ja so eine Sache. Oft können wir uns nicht vorstellen, dass Einfaches wirkt. Da schlägt das Prinzip Anstrengung gleich wieder zu. Natürlich kann man sich fragen, wenn Lösungswege so einfach sind, warum wenden dann nicht mehr Menschen sie an? Weil eben die Anwendung, die Umsetzung im eigenen Leben immer noch eine Herausforderung ist. Viele sagen: »Das weiß ich« oder »Das kenne ich«, doch wie oft können wir sagen: »Das mache ich« geschweige denn: »Das mache ich gut« oder: »Das mache ich immer«? Unser Leben ist so angefüllt mit Automatismen und Pflichterfüllung, dass selbst so banale Dinge wie genug Wasser zu trinken oder einen Spaziergang zu machen, schon zu viel Aufwand bzw. nicht wichtig genug zu sein scheinen. Hinter »Es ist nicht so wichtig« steht übrigens oft ein »Ich bin nicht so wichtig«.

Ich suche gern einfache Lösungen. Nicht nur weil ich denke, dass die Natur aus einfachen Dingen besteht und wir Teil der Natur sind. Sondern weil einfache Dinge am ehesten umzusetzen sind.

Lösung 1: Gutes kommt von Gutem

Dies dürfte die angenehmste Lösung sein. Fragen Sie sich, ob das, was Sie denken oder tun, etwas Gutes ist, das Gutes bringen kann. Und: Entspricht es einer guten Absicht von Ihnen? Sind Sie bereit, dranzubleiben, weil es Ihnen wichtig ist?

Ich weiß natürlich, dass das, was hier so simpel klingt, ungewöhnlich ist. Denn wir handeln oft unreflektiert. Ich könnte mir sogar vorstellen, dass allein diese Frage Ihr ganzes Leben auf den Kopf stellt. Denn ihr müsste dann auch ein »Was stattdessen?« folgen, wenn Sie merken, dass Sie anders handeln oder denken sollten. Dazu später ausführlicher. Hier möchte ich Ihnen einen Mini-Anfang vorschlagen. Dies erhöht die Wahrscheinlichkeit, dass Sie es testen und umsetzen. Und viele Minischritte sind irgendwann ein großer Schritt.

Die Ausgangspunkte sind folgende: Wir benötigen ein Verhältnis von drei positiven zu einem negativen Moment für ein gesundes und glückliches Leben. Wir sind soziale Wesen und profitieren am allermeisten von guten sozialen Kontakten und Beziehungen. Und beim Denken fängt alles an. Das daraus abgeleitete Prinzip heißt »Dreimal täglich Gutes«, und das geht so:

Tun Sie sich täglich etwas Gutes.
Tun Sie jemand anderem
täglich etwas Gutes.
Denken Sie täglich einmal bewusst gut.

Wie klingt das für Sie? Ich hoffe, machbar. Die Reihenfolge ist nach Wichtigkeit sortiert. Zuerst Sie. Das kennen Sie schon. Denn nur dann werden Sie überhaupt zu Punkt zwei übergehen.

Ansonsten haben Sie nichts übrig zum Abgeben oder vergessen sogar, an andere zu denken. Bitte erinnern Sie sich an die Stresssucht und ihr typisches Zeichen, nicht an andere zu denken.

Sich etwas Gutes zu tun heißt, irgendeine Kleinigkeit zu tun, die Ihnen Wohlbefinden bringt. Am besten gleich als Erstes morgens. Weil Sie dann dem Tag schon die richtige Richtung geben. Das könnte Ihr Lieblingsfrühstück sein oder nur das bewusste Genießen einer guten Tasse Kaffee. Das könnte ein Körperpflegeritual sein oder Musik. Die Auswahl eines besonderen Kleidungsstücks oder das Kuscheln mit einem lieben Menschen oder dem Haustier. Sie sehen, es geht um kleinen Aufwand mit großem Nutzen. Sehr wohltuend ist übrigens auch ein ruhiger Moment, bevor Sie aufbrechen. Ganz ruhig. Kein Telefon, keine Musik, keine Gespräche.

Jemand anderem etwas Gutes zu tun, folgt dem gleichen Prinzip. Klein und wirkungsvoll. Hier kommt noch hinzu, dass die gute Absicht im Tun, nicht in der Reaktion oder dem Ergebnis liegt. Es wäre demzufolge egal, ob jemand zurückgrüßt oder lächelt. Auch ob jemand sich für eine nette Geste bedankt oder etwas zurückgibt. Hier geht es um »die altruistische gute Tat«. Einfach so. Es beginnt beim Türaufhalten oder Platzanbieten, geht weiter mit Getränke mitbringen oder jemanden auf einen kurzen Mittagsspaziergang einzuladen oder zu begleiten. Natürlich zählen auch das Kochen eines Lieblingsgerichtes für Ihre Freunde oder Familie. Wenn es nicht Routine oder Pflicht ist, sondern wenn der Wunsch, etwas Gutes zu tun, dahintersteht. Einfach mal zufassen, mitdenken, etwas abnehmen. Wir wissen alle, wie es geht, und vergessen es oft, weil wir in Gedanken ganz woanders sind.

Zu dieser zweiten Regel gehört auch, dass Sie wissen, was andere Ihnen Gutes tun können. Viel zu häufig winken wir ab, wenn uns jemand Hilfe anbietet oder danach fragt. Manchmal wissen wir es nicht. Manchmal genieren wir uns. Manchmal haben wir Angst vor der erwarteten Gegenleistung. Doch Sie können jemanden treffen, der die gleichen guten Intentionen hat wie Sie. Dann sollten Sie dem anderen entgegenkommen. Ihm das gute Gefühl gönnen, Gutes zu tun.

Einmal bewusst gut zu denken bedeutet, es ganz konkret, ganz bewusst zu tun. Es geht in diesem Fall nicht um die Haltung, sondern um die Handlung, die dann die Haltung bestärkt. Es geht um das aktive Umschalten, wenn Sie sich klagen hören. Das Stoppen einer Spekulation und Ersetzen durch eine positive Erwartung. Es geht um eine neue Chance, die Sie einer Person oder Situation geben. Zum Beispiel, wenn Sie die Perspektive ändern oder bewusst freundlich sind, wo Sie sich sonst zurückziehen oder Vorbehalte haben.

Dies sind nur die ersten Ideen, wie Sie für mehr Gutes und damit mehr Wohlbefinden für sich und andere sorgen können. Mehr folgt beim Thema Selbst.

> **Kurz gesagt** Drei gute tägliche Kleinigkeiten im Denken und Tun sind ein guter Anfang. Sie sollen so einfach und angenehm sein, dass sie zur Routine werden und der Erfolg Sie bestätigt, weiterzumachen.

Lösung 2: Das rechte Maß

Ursprünglich hatte ich als Titel dieses Buches »Strengen Sie sich richtig an« ins Auge gefasst. Dies hätte eventuell manchen abgeschreckt. Denn auf den ersten Blick könnte man meinen, es geht um *noch mehr* Anstrengung. Das dürfte in den seltensten Fällen passen. Nein, es geht vielmehr um ein *anderes* Sichanstrengen: »Strengen Sie sich auf die richtige Weise an.«

Bewusst, das heißt wissend, wofür das gut ist, was wir erreichen wollen, in Abwägung der Konsequenzen und vor allem der Alternativen. Viel zu oft hetzen wir einfach los, weil uns Zeit und Menge des zu Erledigenden im Nacken sitzen. Ohne nachzudenken, ob wir die beste und sinnvollste Lösung gefunden haben. Wenn wir in der falschen Richtung unterwegs sind, nützen uns weder ein hohes Tempo noch viel Einsatz und gute Absicht. Es bleibt die falsche Richtung, von der wir irgendwann mühsam zurückrudern müssen. Je länger wir unterwegs waren, umso länger ist der Rückweg.

In die richtige Richtung. Weg vom Anstrengen, um Schlechtes auszuhalten oder auszubalancieren, hin zum Guten im Denken, Fühlen und Tun, was genauso zu uns zurückkommt. Vermeiden, Verhindern, Verbergen, Unterdrücken machen nichts besser und kosten doppelt. Einmal, weil negative Gefühle mehr Schaden anrichten. Zum anderen, weil die Anstrengung der Umsetzung noch einmal Energie kostet. Verbesserungen, Entwicklung, Vorwärtskommen, Helfen, Freude bereiten, das bringt beim Tun die doppelte Energie. Weil wir uns mit positiven Gefühlen befassen und weil die nützliche Anstrengung für Wohlbefinden sorgt. Wir können die Parallele zum Stress ziehen. Suchen wir nach dem positiven. Dieser beflügelt, macht kraftvoll und kreativ. Der negative verbraucht unsere Reserven. Die Natur hat schon alles bestens für uns vorbereitet. Wir brauchen es nur noch zu nutzen.

Mit Freude. Freude entsteht, wenn wir auf dem richtigen Weg sind. Freude entsteht auch, wenn wir uns überwinden, wenn wir etwas dazugelernt haben, geholfen haben, etwas Sinnvolles tun, unsere Stärken einsetzen. Freude ist das Zeichen, dass etwas passt. Sie kann unser Maßstab sein für die Anstrengung. Vielleicht ist sie nicht gleich von Anfang an da. Doch zumindest die Aussicht sollte verlockend sein.

Maßvoll. Das rechte Maß zu finden, braucht etwas Übung. Die Überforderung ist uns viel geläufiger. Wir wundern uns, warum wir nach zwölf Stunden Aktivität müde werden und puschen uns mit Kaffee oder Alkohol. Wir wundern uns, warum wir uns in einer Erkältungswelle anstecken, wenn zum Jahresende die Batterien leer sind. Wir nehmen gar nicht wahr, wie viel wir in unser Leben packen und meistern. Wenn Sie sich jetzt noch anstrengen, abends zum Sport zu gehen, statt auf dem Sofa zu sitzen, den ersten Yogakurs vor der Arbeit zu absolvieren oder wenn der kleine Mittagsspaziergang zur Pflicht statt zur Freude wird, dann packen Sie noch mehr auf die Belastungsschale Ihrer Wohlfühlwaage. Untersuchen Sie daher zunächst, welche Anstrengung Sie aus Ihrem Leben streichen können. Den Vorsitz im Gartenverein, das häufige Fensterputzen, die Organisation der Grillparty für die Nachbarn. Überlegen Sie, was Sie schon lange mehr Kraft kostet, als es Freude bringt. Es gibt immer andere Lösungen. Und Sie übernehmen vielleicht eine andere Aufgabe, die viel besser zu Ihnen passt und mehr Freude bringt und damit auf die andere Seite der Waage kommt.

Schaffen Sie Raum, zeitlich und kräftemäßig, für neue positive Anstrengung wie Sport, Kochen oder Lernen, bevor Sie damit beginnen. Und überprüfen Sie regelmäßig, ob das Arrangement noch passt. Wenn Sie zum Chor oder Tanz gehen und keine Lust dazu haben, danach aber beglückt nach Hause kommen, dann stimmt alles. Wenn Sie keine Lust auf eine Party haben und hingehen, aber ausgelaugt nach Hause kommen, dann passt es nicht.

Zuerst Sie selbst. Sie sind der Dreh- und Angelpunkt Ihres Lebens. Nur Sie wissen, was Ihnen guttut, zu Ihnen passt, wichtig ist. Und nur wenn es Ihnen gut geht, haben Sie etwas zum Abgeben. Denken Sie an die viel zitierten Sauerstoffmasken im

Flugzeug. Sie können niemandem helfen, wenn Sie bewusstlos sind, weil Ihnen der Sauerstoff ausgegangen ist bzw. im normalen Alltag, wenn Sie vor Erschöpfung schlecht drauf sind oder sogar zusammenbrechen. Egoistisch ist, nicht gut für sich zu sorgen. Weil wir dann erwarten, dass unser Wohlbefinden von außen kommt, von anderen Menschen und Dingen. Das einzige Ergebnis davon sind Konflikte und Enttäuschungen. Wenn jeder besser mit sich umgehen würde, bewusster für sein Wohlbefinden sorgen würde, dann hätten wir weniger Neid, Unzufriedenheit, Misstrauen, Scheidungen.

Das heißt in der Konsequenz, mit den eigenen körperlichen und geistigen Ressourcen gut hauszuhalten. Sie einzuteilen und zu pflegen, statt sie zu erschöpfen. Durch Nutzung der eigenen Stärken können wir diese sogar vergrößern.

»Die Dosis macht den Unterschied«, wissen wir aus der Medizin. Dazu gehört auch, das Richtige zur richtigen Zeit anzuwenden. So ist es auch mit der Anstrengung. »Zu viel« und »zu wenig« dürfen geändert werden in »nützlich« und »angemessen«.

Kurz gesagt

Lösung 3: Selbst bestimmen

Könnte es sein, dass Sie denken: »Nicht schon wieder ich«? Ich höre solche Kommentare manchmal, ehe ich in Vorträge in Unternehmen gehe. Oder auch: »Ich bin also wieder selbst schuld.« Streichen Sie solche Gedanken am besten. Vor allem, weil es in unserem Leben keine einfache Ursache-Wirkung-Beziehung gibt, sondern eher ein Mosaik, ein Puzzle. Denken Sie auch hier an die Themen Gewicht oder Gesundheit. Viele Menschen treiben Sport, um abzunehmen, was mit dieser Maßnahme allein selten gelingt. Oder sie essen weniger, aber auch das allein reicht meist nicht. Ebenso ist es mit der Gesundheit. Nur gut und ausreichend zu schlafen oder Yoga zu machen reicht nicht, um gesund zu sein, sondern erst in der Summe oder im Zusammenspiel machen diese Aktivitäten einen Unterschied.

Ich würde Sie gern zu einem »Endlich ich!« führen. In die Vorfreude und das Kompetenzgefühl, selbst bestimmen zu können, wohin Ihr Leben Sie führen soll. Endlich selbst einmal dran zu sein. Nicht erst, wenn die Kinder aus dem Haus sind, der Umbau erledigt oder die Zeiten ruhiger sind.

Erinnern wir uns, dass allein die Absicht, etwas für sein Wohlbefinden tun zu wollen, dieses verbessert und die Leistungsfähigkeit, das Engagement und die Zufriedenheit gleich mit. Denken wir an die WHO-Gesundheitsdefinition, können wir sogar sagen: Wer sich wohlfühlt, ist gesünder.

Positive Kreisläufe sind der Lohn fürs Anfangen: Wer sich gut fühlt, sieht mehr Positives. Dadurch denken und verhalten wir uns positiver. Dies kommt als gutes Gefühl zu uns zurück und es geht von vorn los. Der erste Schritt kann an jeder Stelle erfolgen. Manchmal kommen solche positiven Kreisläufe von außen auf uns zu. Besser ist es, sie selbst anzustoßen. Dann bestimmen wir Ort, Zeit, Richtung und sind unabhängig von dem, was das Leben, die Firma, die Familien oder Freunde liefern.

Die Dinge selbst in die Hand zu nehmen, hat viele Facetten. Wie das konkret aussehen kann, möchte ich jetzt beleuchten. Ich beginne mit dem Dreh- und Angelpunkt: der Frage des eigenen Wertes.

Tu es **selbst**.
Tu das Gute selbst,
denke das Gute selbst,
sei das Gute selbst.

Respektvolle Selbstwertschätzung

Als Einstieg dieses Kapitels war ursprünglich das Thema Selbstverantwortung geplant. Dann habe ich darüber nachgedacht, warum es vielen Menschen so schwer fällt anzuerkennen, dass sie ihr Leben selbst gestalten können und müssen. Ich kam darauf, dass dahinter noch ein anderes Thema steht, nämlich die Frage, wofür? Wenn wir uns um Kinder, Eltern, Freunde, Kunden kümmern, dann ist klar, sie sind wichtig. Oder wir wollen Geld verdienen. Das ist auch wichtig. Aber was ist mit uns selbst? Es ist uns eher abgewöhnt worden, uns wichtig zu nehmen. Wir haben kaum Vorbilder von Menschen, die sich angemessen wertschätzen. Deshalb entschied ich mich, als Einstieg die Wertschätzung für sich selbst zu wählen.

Sich selbst mehr (be)achten

Dieses Buch zu schreiben, war ein lang gehegter Plan von mir. Ich schreibe regelmäßig, doch dieses Mal sollte es etwas Besonderes werden, sozusagen die Quintessenz meiner bisherigen Arbeit und Erfahrung.

Ein solches Ziel kann man auf verschiedenen Wegen erreichen. Man kann sich zusammenreißen und richtig anstrengen, diszipliniert nichts anderes tun als schreiben und vielleicht sogar den Nachtschlaf opfern, wenn die Zeit nicht reicht. Oder man übt sich in Wertschätzung und überlegt, was man für sich tun kann, damit es einem so gut geht, dass eine tolle Leistung gelingen kann.

Für mich ist das Meer eine große Inspiration und Freude. Deshalb habe ich mir einen schönen Ort am Meer gesucht, ein Zimmer mit einem Schreibtisch, den man vor das Fenster stellen konnte. Ich habe diszipliniert gearbeitet und mich angestrengt, doch unter den für mich angenehmsten Bedingungen, und auch für Erholungsmöglichkeiten gesorgt.

Ein anderes Beispiel. Was und wie essen Sie, wenn Sie alleine sind? Sie könnten sagen, »es soll schnell gehen«, weil sich für eine Person der Aufwand nicht lohnt. Oder Sie machen es sich besonders gemütlich und wählen noch bewusster aus, welches Essen Ihnen guttut. Ein erster Schritt Richtung persönliche Wertschätzung könnte sein, sich zu fragen, wie würde ich das für andere Menschen, die mir am Herzen liegen, machen? Würde ich für meine Kinder, Freunde etc. Essen aus der Folie auf den Tisch stellen? Würde ich meinen Mitarbeitern zumuten, stundenlang ohne Pause zu arbeiten oder unfreundlich zu ihnen sein? Wenn Ihre Antwort »nein« ist, dann sollten Sie sich auch gegenüber sich selbst nicht nachlässig verhalten.

Die eigene Leistung sehen

Im Zusammenhang mit dem optimalen Verhältnis von Anstrengung und Wohlbefinden war schon davon die Rede: Der befriedigende und beglückende Zustand des sogenannten »Flow« entsteht dann, wenn wir uns für etwas angemessen anstrengen. Die Chancen dafür sind drei Mal häufiger bei der Arbeit als zu Hause gegeben. Wenn wir allerdings mit negativen Erwartungen zur Arbeit gehen und das richtige Maß verloren haben, nehmen wir diese weniger wahr. In der Freizeit sehen wir das Potenzial für »Flow« ebenfalls nicht, obwohl wir uns auch dann »nützlich anstrengen«. Das schätzen wir jedoch falsch ein, wenn wir nach der scheinbar angenehmeren Ruhe und Bequemlichkeit suchen, die hoffentlich bald der Anstrengung folgt.

Wenn wir in beiden Welten unseren Einsatz als etwas Positives und Angenehmes sehen könnten, wäre das die Lösung. Vor allem im Privatleben: Als »Einsatz« bezeichne ich in diesem Fall sich für sich selbst schön zu machen, sich eine angenehme Umgebung zu schaffen, gesund zu kochen, sich zum Sport aufzuraffen oder was immer gut für Sie ist und Ihrem Lebenskonzept entspricht.

Ganz besonders wichtig ist die Wertschätzung für uns und das, was wir in Belastungs- und Ausnahmesituationen leisten. Wenn beispielsweise Ihre Firma in Schwierigkeiten steckt, wenn Sie ein Haus bauen und gleichzeitig die Eltern pflegen. Wenn die Kinder in die Schule kommen und Sie parallel eine Weiterbildung absolvieren, wenn Sie auf Arbeitssuche sind, ein Familienmitglied schwer krank ist o.Ä. Gerade dann müssen Sie besonders zu sich halten und für gute Bedingungen sorgen. So schaffen Sie wieder einen positiven Kreislauf. Wenn Sie sich wertschätzend behandeln, sind Sie nicht nur besser drauf, sondern strahlen Ihre Einstellung zu sich auch aus. Sie werden andere Gespräche führen, anders auftreten und damit andere Ergebnisse erzielen. Und bedenken Sie bitte außerdem: Wir wissen nie vorher, wie lang eine Belastung, Krise oder besondere Zeit dauert. Es kann also sein, dass unsere Kraft lange reichen muss. Dies sollten wir nicht erst feststellen, wenn sie zu Ende geht, sondern sie einteilen, hegen und pflegen.

Ein Maßstab für unser Handeln ist, wie wertvoll etwas für uns ist. Nehmen wir uns selbst mindestens so wichtig wie andere oder anderes! Dann fällt es uns leichter, mindestens genauso gut für uns zu sorgen und genauso gut mit uns umzugehen.

Kurz gesagt

Freiwillige Selbstverantwortung

Ich habe mich schon oft gefragt, warum es gerade heute so wichtig ist, sich seiner Selbstverantwortung bewusst zu sein. Hatten unsere Eltern dieses Thema auch schon? Ich glaube nicht. Erst recht nicht unsere Großeltern. Früher akzeptierten die Menschen eher den Stand, in den sie nun einmal hineingeboren waren bzw. dass sie den Beruf, den ihr Vater ihnen beigebracht hatte oder den sie einmal ergriffen hatten, dann auch ein Leben lang ausübten. Noch früher war ein Bauer ein Bauer, ein Graf ein Graf, ein König ein König. Allerdings wurden auch viele Kriege darum geführt, dies zu verändern. Seit die Religion an Bedeutung verliert und Wissen nicht mehr nur Herrschaftswissen ist, wurden diese Rollenverteilungen immer mehr infrage gestellt. Die Industrialisierung brachte viele Menschen vom Land in die Städte. Für die Montage am Fließband wurden Anpassungsfähigkeit und Disziplin gebraucht. Mitdenken war dafür noch nicht gefragt, eher im Gegenteil. Über Geld und Strafe wurde reguliert, wie Menschen sich zu verhalten hatten.

Neue Zeiten – neues Handeln

Mittlerweile sind wir in einer Wissensgesellschaft angekommen. Routinearbeiten nehmen uns längst Maschinen ab, und wenn wir über den Fachkräftemangel der Zukunft sprechen, betrifft dies nicht ungelernte Arbeiter, sondern Spezialisten und Menschen, die kreativ und flexibel sind. Die neuen Arbeitsanforderungen benötigen plötzlich die Köpfe, ja sogar die Herzen der Menschen. Diese Veränderung erfordert eine gern übernommene Selbstverantwortung. Zudem stehen uns heute zahlreiche Möglichkeiten offen, unser Geld zu verdienen. Wie viele Berufe gab es vor 200 oder 100 Jahren und wie

viele heute? Wie viele Länder konnten Menschen früher berei-
sen, wo fliegen wir heute schnell einmal hin? Die Auswahl an
Essen, Autos, Möbeln, Versicherungen, Zeitungen, Fernsehpro-
grammen, Medizin ist schier unendlich. Bleiben wir kurz bei
der Medizin. Unsere Großeltern hatten einen Arzt und muss-
ten darauf vertrauen, dass dieser schon das Richtige tut. Heute
haben wir nicht nur die Wahl zwischen vielen Krankenkas-
sentarifen und Ärzten, sondern sind als mündige Patienten in
unserer Mitwirkung gefragt. Damit ist nicht gemeint, dass wir
googeln, was andere so sagen, sondern dass wir wissen, wer
wir sind und welche Behandlung demzufolge zu uns passt.
Dies setzt voraus, dass wir uns mit uns beschäftigen. Nicht
erst, wenn es nötig ist und wir z.B. eine Allergie bekommen,
sondern vorher. Wie wollen wir erfahren, was gut für uns ist,
wenn wir es nicht testen? Probieren Sie daher mehr aus und
nutzen Sie die Chancen, von Ayurveda, der indischen Gesund-
heitslehre, bis zu den Methoden von Pfarrer Kneipp. Letztlich
trägt jeder für sich die Verantwortung für seine eigene Gesundheit und sein Leben.

Was uns davon abhält, ist weniger ein Wissens-, sondern
eher ein Handlungsdefizit. Vor einigen Jahren hat z.B. die
Deutsche Gesellschaft für Ernährung festgestellt, dass die Er-
nährungsberatung in Deutschland gescheitert ist. Weil zwar
Wissen vermittelt wurde, aber sich kaum jemand daran hält.
Kein Wunder: Die vermittelten Theorien und Methoden funktionieren nicht langfristig, und noch schlimmer, sie machen
keinen Spaß. Kaum jemand wird eine Methode konsequent
einhalten, wenn sie zu umständlich ist oder zu viel Einschränkung ohne Gewinn bedeutet.

Ich habe im Laufe meines Lebens unglaublich viele Diäten
getestet. Für meine Familie war das sicher sehr anstrengend.
Mal gab es keine Kohlenhydrate, dann Kohlenhydrate, aber

kein Fett, mal Salat, mal nur Gekochtes. Dabei habe ich festgestellt, dass eine Theorie nicht für das ganze Leben reicht.

Ich plädiere dafür, dass Sie sich so unabhängig wie möglich davon machen, was anderen guttut. Nur weil heute z. B. so viele mit Apps ihre Gesundheit rund um die Uhr verfolgen, heißt das noch lange nicht, dass ihnen das gut tut. Vielmehr könnte es neuen Anstrengungsdruck statt Anstrengungslust erzeugen.

Aktivität wird vom Leben belohnt

Sobald Sie die Grundentscheidung »Ich bin für mich verantwortlich« getroffen haben, wird sich vieles von allein ergeben. Das, was Sie heute denken und tun, erschafft morgen Ihre Realität. Allerdings braucht man für einen Veränderungsprozess Geduld und Durchhaltevermögen, Meist gibt es viele einzelne Dinge zu tun, bevor ein Ziel erreicht ist.

Wenn Sie schon länger an einem Thema dran sind: dem neuen Job, einem höheren Gehalt, der Wunschfigur oder wenn Sie ein körperliches Symptom loswerden wollen, dann ist Selbstverantwortung umso wichtiger. Selbstverantwortung kann übrigens auch dazu führen, dass ich entscheide: Ich gebe etwas auf. Oder: Jetzt ist nicht der richtige Zeitpunkt. Oder: Ich finde (gerade) keine Lösung. Jede dieser Schlussfolgerungen ist legitim und jede ist eine bewusste Entscheidung. Das Schöne ist: Sie können sich immer wieder neu entscheiden! Sie müssen nicht bei einer einmal getroffenen Entscheidung bleiben.

Hier gehen Selbstwertschätzung und Selbstverantwortung Hand in Hand. Sich selbst wertschätzend behandeln heißt nämlich, den Druck aus einem Thema zu nehmen, wenn es gerade nicht klappt. Mir fällt dabei gleich wieder mein Dänisch-Unterricht ein. Acht Jahre Kampf, viel Geld, Enttäuschung, Ärger, Frust, dass ich schlecht vorwärtskomme. Die Selbstverantwortung sagt: »Das ist deine Sache.« Die Selbstwertschätzung fügt hinzu: »Nun nimm mal den Druck raus, du verdirbst dir selbst das gute Leben.« Immer wieder mache ich nach einer Pause weiter. Sobald der Druck raus ist, macht es wieder mehr Freude und ich lerne besser. Ich spreche immer noch nicht gut Dänisch, doch ich weiß, das wird schon.

Selbstverantwortung heißt auch, selbst den ersten Schritt zu tun, wenn etwas festgefahren ist oder Unklarheit besteht. Nehmen wir das Thema Umstrukturierung in Unternehmen. Viele fürchten sich davor und die Ankündigung löst Unsicherheit aus. Leider beziehen viele Unternehmen ihre Mitarbeiter zu wenig ein und schaffen vollendete Tatsachen. Die Mitarbeiter erlebe ich häufig wie das Kaninchen vor der Schlange – in Schockstarre. Besser wäre es, sie würden selbst aktiv werden. Ein Zwischenzeugnis anzufordern oder eigene Ideen für eine neue Position zu entwickeln, ist immer möglich. Auch mal den Markt zu prüfen, was für Alternativen es gibt. Raus aus dem Sich-sorgen und Spekulieren, hin zum Selbst-gestalten. Wenn Sie vorbereitet sind, haben Sie viel bessere Karten. Sie sagen dann nicht einfach zu allem »Nein«, falls tatsächlich ein unattraktives Angebot kommt, sondern präsentieren alternative Ideen.

Gleiches gilt für ein Bewerbungsgespräch. Sie gehen dort nicht nur hin, um geprüft zu werden, sondern um selbst zu prüfen. Je aktiver Sie sind, umso bessere Ergebnisse erzielen Sie und erfahren das, worauf es Ihnen ankommt.

Selbstverantwortung klingt für manchen vielleicht etwas hart und businessmäßig. Der Kern ist aber nicht hart, sondern ein Geschenk. Dass wir überhaupt die Möglichkeit haben, unser Leben zu beeinflussen, entscheiden können, wen wir heiraten und nicht etwa verheiratet zu werden, was wir lernen und dass wir überhaupt lernen, also studieren können. Meine Uroma und meine Oma durften nicht studieren. Zum einen, weil Frauen damals eben nicht studierten, zum anderen, weil ihre Hilfe im Geschäft der Familie gebraucht wurde.

Gegenüber dem »Sollen« steht das »Können«, das es zu schätzen gilt. Das Frauenwahlrecht ist auch in Deutschland noch jung. Wir sollten es nutzen. Doch viele von uns gehen nicht hin, vielleicht weil wir politikmüde sind, vielleicht weil wir glauben, wir könnten ohnehin nichts bewirken.

Die Pausen während der Arbeitszeit wurden vor einigen Jahrzehnten von den Gewerkschaften hart erkämpft. Manche von uns nutzen sie nicht oder nicht immer, weil wir glauben, nicht genug Zeit zu haben. Auch die Pausen einzuhalten wäre Selbstverantwortung.

Sie ginge dort weiter, wo wir formulieren, was gut oder nicht gut für uns ist und wo unsere Grenzen sind. Oft tun wir es nicht und lassen die Verletzung unserer Grenzen zu. Gerade am Arbeitsplatz beobachte ich immer wieder, wie wenig das, worum es geht, mitgeteilt wird. Viele gehen davon aus, dass die anderen schon wissen, wie es um sie steht. Dahinter steht die Annahme, dass jeder ähnlich denkt und fühlt. So ist es aber nicht. Jeder Mensch ist anders. Deshalb haben wir verschiedene Gewohnheiten, Belastungsgrenzen, Freuden. Auch »Das macht man so« oder »Das macht man nicht« sind zunehmend schlechtere Argumente, denn die Vielfalt des Möglichen wird immer größer: Heute trinkt man zu Fisch Rotwein und in immer mehr Berufsgruppen sind sichtbare Tätowierungen erlaubt, um nur zwei Beispiele zu nennen. Wir könnten uns aktiv zu dieser neuen Welt bekennen. Dann würden wir weniger Kraft durch die irrige Hoffnung verlieren, es könnte wieder werden wie früher.

Selbstverantwortung zu übernehmen heißt »Ja« zur Nutzung der Möglichkeiten in unserem Leben zu sagen und sich zu entscheiden, selbst gut für sich zu sorgen. Diese Haltung ist der beste Einstieg in das Wohlbefinden.

Kurz gesagt

Wohlwollende Selbstdefinition

Die Entscheidung, gut für sich zu sorgen, führt direkt zu den Fragen: Wer oder wie wollen Sie sein? und Was ist Ihr Lebenskonzept? Lebenskonzept klingt gleich wieder nach einer großen Herausforderung, vielleicht ist es besser zu fragen: Was wäre Ihr optimales Leben? Dazu gehört auch die Frage: Wie gut darf es Ihnen gehen?

Blicken wir kurz zurück in die Geschichte der Positiven Psychologie. Einer der Pioniere dieser Denkrichtung, Martin Seligman, kommt aus der Depressionsforschung. Das Bestreben seiner Arbeit vor der Etablierung der Positiven Psychologie war, Menschen zu helfen, weniger depressiv, ängstlich oder wütend zu sein. Er ging davon aus, dass dies glücklicher macht. Doch weit gefehlt: Die Abwesenheit von Unglück bedeutet nicht automatisch Glück. Glück muss auf der »Haben-wollen-Liste« stehen und zum Selbstbild gehören. Und es braucht dazu eine Erlaubnis! Der Psychologe Nico Rose hat in seinen Umfragen herausgefunden, dass es einer inneren Erlaubnis bedarf, damit man sich überhaupt selbst verwirklichen kann. Einige Menschen geben sich diese Erlaubnis offenbar, andere nicht. Diejenigen, die sie haben, sind um 26 Prozent zufriedener als die anderen. Sie sind mehr mit sich im Reinen, haben stabilere Freundschaften und verdienen auch deutlich besser. Menschen ohne »Lizenz zum Glück« waren öfter innerlich zerrissen, weniger motiviert und konnten schlechter Entscheidungen treffen.

Ähnlich verhält es sich mit der Einstellung zum Leben. Die

Abwesenheit einer negativen Lebenseinstellung ist nicht das Gleiche wie eine positive Lebenseinstellung. Eine positive Lebenseinstellung wird oft begleitet von einem gesünderen Verhalten, was wiederum zu einem gesünderen Körper führt.

Wenn meine Klienten an Veränderungen in ihrem Leben arbeiten wollen, dann frage ich genau nach, wie sie sich selbst sehen. Zum Beispiel, ob jemand, der gerade wegen einer Depression krankgeschrieben ist, meint, er sei ein kranker Mensch oder ein gesunder mit einem akuten Symptom. Wenn jemand sein Gewicht verändern will, macht es einen Unterschied, ob sich die Person selbst als eigentlich schlanken und sportlichen Menschen sieht, der gerade ein Gewichtsproblem hat, oder als einen Moppel. Bin ich ein Gewinner, der gerade mal Pech hat oder habe ich nie Glück im Leben? Die Gedanken stellen die Weichen.

Das beste Selbst erschaffen

Unsere Selbstbilder, Gedankenmuster oder mentalen Programme bestimmen, wie wir die Welt und damit uns sehen. Wir werden uns immer so verhalten, dass wir unsere Muster bestätigen. Deshalb die vielen Abnehm-, Beziehungs- und Bewerbungsversuche, die nichts bringen außer Frust. Wir müssen unser Denken über uns verändern, erst dann kann sich auch das Verhalten ändern. Und ehe wir das Denken verändern, müssen wir herausfinden, *wie* wir denken. Denn es läuft meist ganz unbewusst und automatisiert ab. Wir denken z. B., dass wir in Bewerbungsgesprächen nicht erfolgreich sind. Dies könnte daran liegen, dass wir uns in neuen Situationen unsicher fühlen. Das ist uns aber nicht bewusst. Diese unbewusste Unsicherheit beeinflusst allerdings unser Verhalten und unsere Wirkung. Hier könnte es helfen, Menschen, die Sie mögen, um ein Feedback darüber zu bitten, wie sie Sie erleben und außerdem, welche Sätze Sie häufig sagen. Denn wir überlegen nicht immer lange, bevor wir sprechen. So kommen unbewusste Denkmuster zum Vorschein.

Am besten schreiben Sie einmal auf, wer oder wie Sie gern sein wollen. Vielleicht gibt es Menschen, die Sie bewundern, dann haben Sie gute Beispiele. Sie könnten dann notieren »Ich bin so mutig wie meine Oma« oder »Ich führe Verhandlungen so souverän und freundlich wie Frau/Herr…«. Denken Sie an alle Lebensbereiche wie Beziehung, Karriere, Einkommen, Lebenseinstellung, persönliches Wachstum, Körper, Gesundheit. Sehr hilfreich sind auch Formulierungen wie: »Ich bin besonders gut beim Organisieren oder beim Pflegen von Kontakten«, wenn uns etwas ganz besonders wichtig ist.

Falls Sie gar keine Idee haben, wer und wie Sie sein wollen, beginnen Sie doch damit, wie Sie *nicht* sein wollen. Das wissen wir meistens besser. Der nächste Schritt ist dann, sich zu fragen: »Was/Wie möchte ich stattdessen sein?« Also: »Ich will nicht so launisch sein wie meine Schwester« – was stattdessen? »Ich bin ein freundlicher Mensch.«

Nutzen Sie ruhig auch die verschiedenen Rollen, die Sie ausfüllen, für Ihre Definition. »Ich bin eine gelassene Mutter«, »Ich bin ein großherziger Freund« oder »Ich bin eine Chefin, die klare Ansagen macht«. Sie merken sicher, dass die Formulierungen keine Wunschgedanken sind. Sondern Ihre Vorzüge nutzen. Auch wenn diese noch so klein sind, können Sie darauf aufbauen und diese verstärken. Dies ist wichtig, weil »ich wünsche« manchmal zu weit weg von der Realität ist.

Das sieht nach Arbeit aus? Ist es durchaus, aber Sie wissen ja, maßvolle Anstrengung führt zu Wohlbefinden. Wer sich wohlfühlt, hat mehr Erfolg. Notieren Sie ruhig auch Dinge, die Sie sich noch nicht vorstellen können. Ihr Gehirn vergisst Ihre Gedanken nicht und arbeitet an der Umsetzung.

Die mentale Kraft nutzen

Als Placebo wird eine Wirkung beschrieben, die nicht durch ein Medikament selbst, sondern durch die Erwartung einer Verbesserung zustande kommt. Es ist ein positiver Effekt, der vor allem in der Medizin untersucht wurde, aber auch im ganz normalen Alltag wirkt. Zwischen 20 und 90 Prozent ist der Einfluss des Placeboeffekts bei Medikamenten. Die positiven Erwartungen entstehen dabei durch vorangegangene gute Erfahrungen oder eine überzeugende Erklärung. Der Wirkmechanismus der Gedanken im Gehirn ist genauso wie die Wirkung durch ein Präparat.

Die Kehrseite des Placebo-Effektes ist der Nocebo-Effekt, nämlich die Erwartung, dass etwas schaden wird. Wenn Sie Beipackzettel lesen oder vom Arzt belehrt werden, welche Nebenwirkungen ein Medikament hat, dann werden Sie diese höchstwahrscheinlich auch erleben. Einmal Gehörtes oder Gelesenes vergessen wir schlecht, und das Gehirn beginnt gemeinsam mit dem Körper an der Erfüllung zu arbeiten. Dies beschränkt sich ebenfalls nicht nur auf Medikamente, sondern tritt überall im Leben auf. Bekannt ist dieses Phänomen auch als »sich selbst erfüllende Prophezeiung«. Was wir erwarten, tritt ein. Wir konzentrieren unsere Wahrnehmung auf einen Ausschnitt der Realität und verhalten uns unbewusst so, dass das Befürchtete eintritt. Wenn Sie Prüfungsangst haben, erinnern Sie sich an das Zittern und den trockenen Mund bei der letzten Prüfung. Steht die nächste Prüfung an, sehen Sie die gleiche unangenehme Situation vor sich. Der Körper reagiert schon, bevor Sie überhaupt hingegangen sind. Sie können nicht schlafen und sind morgens noch aufgeregter als sonst. Die Symptome treten noch früher ein, und Sie fühlen sich in Ihrer Angst und Vorhersage bestätigt. Dabei geht der Reaktion eine Annahme, ein Gedanke, eine Definition über sich voraus: »Ich habe Prüfungsangst« oder »Ich hasse Prüfungssituationen«.

Da wir gerade bei den Gedanken über uns selbst sind, möchte ich daran erinnern, wie wichtig es ist, sehr bedacht zu formulieren, was man für sich möchte. Denken Sie an die Sage, in der sich Midas wünscht, alles, was er berührt, möge zu Gold werden. Verständlich, aber gefährlich. Realistischer ist da schon der Wunsch, Nichtraucher zu werden. In diesem Wort jedoch steckt das unerwünschte Rauchen, die Idee vom Rauchen wird also immer wieder im Gehirn aktiviert, obwohl wir ja das Gegenteil wollen. Ähnlich verhält es sich mit dem Begriff »schmerzfrei«. Durch genaue Wortwahl machen wir es uns leichter, zu erreichen, was genau wir meinen. Besser wäre »Mein Körper fühlt sich gut« oder »Alles tut gut«, »Mein Körper tut gut«. Unser Gehirn übernimmt, ohne zu prüfen. Es stellt auch keine Rückfragen wie: »Meinst du wirklich, dass du immer gelassen sein willst? Ist das nicht ein bisschen monoton?«

Das vorhandene oder nicht vorhandene gute Gefühl hilft uns zu erkennen, ob unsere Selbstdefinition für uns stimmig ist, oder ob wir einer Illusion hinterherlaufen. Manches passt zu anderen Menschen, aber nicht zu uns. Manches geht besser als gedacht. Wenn die Schmetterlinge im Bauch fliegen, ist das gut, auch wenn ein bisschen Lampenfieber dabei ist. Etwas Herausforderung brauchen wir für das Wohlbefinden. Wir müssen auch nicht immer sofort wissen, wie das gehen soll, was wir sein wollen. Manches passiert von allein, nur weil wir die Richtung vorgeben.

Das Thema Selbstdefinition ist eine Vorsorge. Sie hilft, wenn Sie unzufrieden sind und etwas verändern wollen. Stellen Sie den Kompass Ihres Lebens wertschätzend und verantwortungsvoll darauf ein, was und wer Sie genau sein, wie Sie sich fühlen und verhalten wollen.

Positive Selbstausrichtung

Zur Selbstdefinition gehört die Ausrichtung des eigenen Fokus. Mein Vorschlag, sich auf das Gute auszurichten, wird Sie nicht mehr überraschen. Vielleicht haben Sie selbst schon daran gearbeitet oder sich überlegt, wie Sie positiver mit dem Leben umgehen können. Oder gehören Sie zu den Menschen, die meinen, als Erstes müsse das Leben mehr Positives bieten? Erstaunlicherweise höre ich das häufiger von Menschen, denen es von außen betrachtet gut geht. Die in den Urlaub fahren, ein schönes Zuhause haben, Wert auf ein schickes Äußeres legen und gesund sind. Doch irgendetwas fehlt. Sei es die Anerkennung bei der Arbeit oder der perfekte Lebenspartner. Auf das Fehlen dieser Aspekte legen sie den Fokus, das, was sie alles schon haben, ist keine Quelle für Glück oder Zufriedenheit.

Dagegen angehen kann man mit der sogenannten Priorisierung von Positivität. Das heißt, indem man täglich bewusst nach Situationen und Aktivitäten sucht, die positive Gefühle auslösen. Erfreulicherweise ist dies kein angeborenes Talent, sondern eine Haltung, die wir lernen können. Ein kleiner Trick dazu: Stellen Sie sich ganz konkret vor, was Sie wann, wo und wie tun wollen, um sich gut zu fühlen. Das erhöht die Wahrscheinlichkeit, dass Sie es auch umsetzen.

Selbst Menschen, die krank sind oder finanzielle Sorgen haben, haben Freuden im Leben. Den netten Nachbarn, die eigenen Tiere, eine schöne Umgebung. Auch eine EU-Rente oder Essen auf Rädern halte ich für gute Dinge. Was gut oder schlecht ist, ist lediglich eine Frage der Bewertung, der eigenen Maßstäbe. Und der Haltung. Das Gute zu suchen, zu sehen und wertzuschätzen. Beim Thema Glück war schon die Rede davon, wie wichtig dieser Fokus ist. Erstaunlicherweise können wir dies oft von Menschen lernen, die schwer krank sind, deren Strahlen aber echt ist.

Warum fällt es uns gesunden Menschen so schwer, uns nicht von schlechten Nachrichten, Grübeleien oder enttäuschten Erwartungen herunterziehen zu lassen? Wir sollten uns immer wieder klarmachen, dass das alles im Kopf passiert. Natürlich gibt es Extreme wie Unfälle oder Kriege. Doch unser ganz normaler Alltag braucht oft nur den Schalter im Kopf, der über die Art unserer Gedanken und damit unsere Gefühle entscheidet. Dieser Schalter bestimmt unsere Grundausrichtung im Leben. Ist das Leben grundsätzlich gut oder nicht, fühle ich mich grundsätzlich wohl oder nicht?

Trainieren Sie, jede Situation aus verschiedenen Perspektiven zu betrachten und optimistisch das Beste draus zu machen. Sehen Sie beide Seiten der Medaille, also die negativen *und* die positiven Aspekte. Meist nimmt ein Schmerz oder ein Problem unsere ganze Aufmerksamkeit ein, und wir vergessen den Rest, der immer viel größer ist! Erinnern Sie sich an einen Tag mit Zahnschmerzen? Der Schmerz ist unerträglich und wir können uns auf nichts anderes konzentrieren als darauf, ihn loszuwerden. Kein Gedanke an unsere schönen, gesunden Augen, daran, dass Atmung und Verdauung reibungslos funktionieren, dass das Auto fährt und der Strom unfehlbar aus der Dose kommt. Haben wir Probleme mit dem Liebsten, vergessen wir unseren gesunden Körper, haben wir Ärger auf der Arbeit, sehen wir unsere tolle Wohnung nicht, sind wir krank, tröstet das gut gefüllte Konto nicht.

Am leichtesten ist es, den Überblick über all das Gute in unserem Leben zu haben, wenn wir nicht gestresst, sondern einigermaßen in unserer Mitte sind. Dann funktioniert unser Gehirn am besten und wir sind im Kreislauf des Guten. Wenn wir die guten Seiten des Lebens sehen, führt das dazu, dass wir uns besser fühlen. Mit guten Gefühlen haben wir bessere mentale Kapazitäten, Gutes zu schaffen und Gutes zu erleben, und so geht es immer weiter nach oben mit den Gefühlen.

Ich habe einen Praxistipp für Sie, wenn Sie einmal sehr schlecht drauf, zum Beispiel enttäuscht, deprimiert oder gestresst sind. Objektivieren Sie das Ausmaß Ihres Unwohlseins auf einer Skala von 0 (überhaupt nicht) bis 10 (nicht auszuhalten). Wie traurig bin ich genau? Vergleichen Sie es mit einer anderen schlimmen Situation. Welchen Wert hätte ich damals vergeben? Ganz oft stellt man dann fest, dass die aktuelle Situation im mittleren Bereich, also bei 5 oder 6 liegt. Und schon kann man sich ein bisschen besser fühlen.

Nützliche Gedanken denken

Wenn die Forschung sagt, dass neben 50 Prozent Veranlagung nur 10 Prozent die Umstände zum Glück beitragen und der Rest unser Blick darauf ist, dann haben wir diese 40 Prozent in der Hand. Das ist die vierfache Wirkung der Umstände! Kein Wunder, dass immer wieder von der Macht der Gedanken gesprochen wird. Lassen wir unsere Gedanken machen, was sie wollen und nehmen wir den Negativfokus hin – oder greifen wir ein?

Machen Sie sich **bessere Gedanken**.
Dies richtet **Ihre Wahrnehmung** und
Ihr Tun auf die guten Seiten
des **Lebens** aus.

Denken Sie positiv über das Leben und bleiben Sie dabei realistisch und authentisch. Dramatische Lebenssituationen sind dramatisch, enttäuschend, schmerzhaft und nicht nur »Chancen zum Wachsen«. Das heißt, wir sollten nicht so tun, als ob eine unangenehme Situation nicht unangenehm wäre. Das Beste daraus machen können wir trotzdem. Ein wichtiger Punkt für Stressreduktion ist das Gefühl, etwas tun zu können, nicht ausgeliefert zu sein. Das können wir trainieren und uns immer wieder klarmachen, dass wir unsere Entscheidungen selbst treffen und uns auch ganz anders entscheiden könnten.

Es ist wichtig, noch einmal festzuhalten, dass die Erforschung von und Hinwendung zu positiven Emotionen nicht heißt, negativ erlebte Emotionen wie Angst, Ärger oder Wut seien schlecht. Sie haben eine wichtige Hinweisfunktion, wenn etwas in der gegenwärtigen Situation oder im Leben allgemein nicht stimmt. Ziel ist weder, sie zu ignorieren, noch sie zu beseitigen, auch wenn sie unangenehm sind. Sondern aus ihnen zu lernen, sie zu verstehen und die Schwerpunkte unseres Befindens selbst zu steuern.

Falls negative Gedanken und Emotionen nur eine schlechte Gewohnheit oder mentale Nachlässigkeit sind, dürfen sie durch bessere ersetzt werden. Es kann schon helfen, sich von den vielen schlechten Nachrichten genauso fernzuhalten wie von Menschen, die Ihnen nicht guttun. Die rücksichtslos jammern und klagen und alles abwerten. Selbst wenn Sie anders denken, werden Sie davon beeinflusst. Da wir Menschen immer mit andern mitfühlen, übertragen sich ungewollt negative Gedanken und Emotionen.

Negative Gedanken verringern

Wir können immer bestimmen, wie oft oder wie lange wir uns mit einem Thema oder einem Menschen befassen, auch in der eigenen Familie. Bitte bedenken Sie, wenn Sie keine Grenzen setzen, können die anderen sie nicht sehen.

Wenn Sie merken, Sie denken negativ, können Sie überlegen, ob Sie spekulieren oder über eine Tatsache nachdenken. Treten Sie auf die Grübelbremse, wenn Ihnen bewusst wird, dass Sie grübeln. Denken Sie stattdessen an positive Aspekte, relativieren Sie: Was hätte schlimmer sein können? Oder: Warum hatten Sie dennoch Glück? Lenken Sie sich mental ab. Das heißt spielen Sie, räumen Sie in Gedanken Ihren Kleiderschrank um oder planen Sie einen Urlaub. Beobachten Sie sich. Wann fühlen Sie sich besser, was tut Ihnen gut? Wenn Sie auch nur für einen Moment in einem guten Zustand sind, finden Sie schneller und besser Lösungen für reale Probleme.

Apropos real: Konzentrieren Sie sich auf den Moment. Fragen Sie sich, was genau jetzt passiert. Meist liegt das Übel in der Vergangenheit oder Zukunft. Wenn Sie Sorge haben, dass ein neuer Chef Sie überfordert, dann ist er z. B. noch nicht da. Statt sich die Zeit bis dahin mit Sorgen zu verderben und wenn er kommt, so schlecht drauf zu sein, dass es tatsächlich Probleme gibt, konzentrieren Sie sich darauf, was gerade alles klappt. Was können Sie besonders gut, was haben Sie zu bieten? Schreiben Sie das ruhig auf. Dann erinnern Sie sich besser.

Hier kommt ein weiterer Aspekt, warum es sich lohnt, sich auf die guten Seiten Ihres Lebens auszurichten. Das, was wir häufig denken und tun, formt unser Gehirn. Es entstehen sogenannte neurologische Strukturen. Die Mandelkerne als Stressverarbeitungszentren werden immer größer und sensibler, wenn wir uns häufig aufregen. Der rechte vordere Gehirnlappen wird als »Jammerlappen« bezeichnet, weil er aktiv ist, wenn wir negativ denken. Ein Gehirnscan kann Ihnen heute sagen, ob Sie ein Optimist oder Pessimist sind. Sie ahnen sicher die Konsequenz: Wenn das Gehirn eine bestimmte Form hat, beeinflusst diese natürlich, was uns leichter oder schwerer fällt, was wir häufiger denken und tun.

Doch nicht nur die neurologischen Strukturen des Gehirns spielen für unser Befinden eine Rolle, sondern auch Entspannungsbotenstoffe wie Dopamin. Ein höheres Dopaminniveau führt zu positiveren Gefühlen, weil es eine Dopaminspur vom linken präfrontalen Kortex zum Emotionszentrum gibt, wo die positiven Emotionen reguliert werden. Dopamin schüttet der Körper aus, wenn wir unsere Komfortzone verlassen, aktiv, neugierig und mutig sind. Dies ist also ein weiterer Beweis für die Verbindung zwischen angemessener Anstrengung und Wohlbefinden.

Wenn wir die guten Seiten des Lebens sehen, führt das dazu, dass wir uns besser fühlen. Mit guten Gefühlen haben wir bessere mentale Kapazitäten, Gutes zu schaffen und Gutes zu erleben. So geht es mit dem Wohlbefinden immer weiter nach oben statt nach unten.

Kurz gesagt

Beglückendes Selbstmanagement

Dieses Thema möchte ich als Gegengewicht zum negativen Stress präsentieren. Sind wir weniger gestresst, erübrigen sich viele weitere Belastungsthemen.

Zuerst kommt es darauf an, gut für sich selbst zu sorgen. Vielleicht wird Ihnen die wiederholte Erinnerung an sich selbst zu viel. Vielleicht finden Sie auch, jetzt wird es langsam egoistisch, und es ist höchste Zeit, auch mal an die anderen zu denken.

Die Einwände sind nachvollziehbar. Trotzdem: Nur wenn es Ihnen gut geht, haben auch die anderen etwas davon. Lassen Sie mich dies an Alltagsbeispielen beweisen: Wir hören nicht zu, wenn die Kinder auf dem Nachhauseweg von der Schule erzählen, sind genervt, wenn die Hausaufgaben nicht gleich klappen, reagieren über, wenn das Zimmer nicht aufgeräumt wird. Warum? Weil unsere Kraft und damit Geduld, Verständnis und Großzügigkeit aufgebraucht sind.

Genauso ist es in unserer Beziehung mit Kunden, Partnern, Vorgesetzten, Eltern, Nachbarn. Auch der Umgang mit uns selbst ist davon geprägt, ob wir uns ständig überfordern oder gut für uns sorgen. Wir verzeihen uns viel eher, wenn wir gut drauf sind, wir versuchen es dann eben noch mal, wenn der Computer nicht gleich das Programm öffnet oder das Handy sich nicht ausstellen lässt. Wir warten geduldig vor dem Fahrstuhl, statt fünf Mal aufs Knöpfchen zu drücken.

Wir haben gesehen, dass auch in der Arbeitswelt die Wirkung von Anforderungen und Belastungen von unserem Zustand abhängt, unserem Wohlbefinden, von Fitness, Erholung, Fähigkeiten, Organisation usw. Wenn es uns gelingt, den Blick auf das, was uns bislang stresst, zu verändern, dann sind wir ein Stück raus aus dem Stress. Und wenn wir raus sind, dann haben wir weniger mentale und körperliche Konsequenzen zu tragen.

Selbstmanagement möchte ich daher verstehen als einen neuen Blick auf die Welt. Auf mehr Wahrnehmung statt Interpretation. »Das kann ich nicht« heißt nicht mehr »Ich bin nicht gut genug«. Sondern nur »Hier sollte ich etwas lernen«. »Ich habe zu viel Arbeit« heißt nicht länger »Ich muss mehr, länger und härter arbeiten«. Sondern »Hier muss ich Hilfe holen, erst einmal darauf aufmerksam machen oder mich anders organisieren«. »Ich habe Stress« heißt nicht länger »Es ist mir alles zu viel«, sondern »Wie kann ich besser für mich sorgen, damit ich schaffe, was ich schaffen will?«. Je besser uns dieser Perspektivwechsel gelingt, umso stressresistenter sind wir. Nicht um uns dann gleich wieder zu überfordern, sondern um angemessener handeln zu können. Nicht um Quantität zu erhöhen, sondern Qualität zu garantieren.

Stress ist nützlich

Am Beispiel Stress möchte ich noch etwas ausführlicher zeigen, wie dieser neue Blick aussehen könnte. Abgesehen davon, dass es »den Stress« nicht gibt, ist Stress meist auch viel besser als sein Ruf.

Ohne Stress könnten wir vieles in unserem Leben gar nicht leisten. Zunächst einmal ist Stress eine Orientierungs- und Aktivierungsreaktion auf eine sich ändernde Situation, mit der wir in die Lage versetzt werden, überhaupt zu reagieren. Manchmal müssen wir das gar nicht, weil wir z. B. etwas miterleben, was uns gar nicht betrifft. Wenn Ihnen aber bei Rot jemand die Vorfahrt nimmt oder Sie eine schnelle Entscheidung treffen wollen, dann ist es sehr hilfreich, von den Stresshormonen des Körpers aktiviert worden zu sein.

Im Übrigen macht Stress an sich auch noch nicht krank. Die besprochenen automatisch ablaufenden Körpervorgänge wie Erhöhung des Blutdrucks oder Anspannung der Muskulatur bilden sich von selbst wieder zurück, wenn der Anspannung eine Entspannung folgt. Gefährlich ist der Dauerstress, bei dem wir uns im Verhältnis zu Häufigkeit und Dauer des Stresses zu wenig erholen. Auf der anderen Seite könnten wir nicht leistungsfähig sein, wenn es die Stresshormone wie Cortisol und Adrenalin nicht gäbe. Sie sorgen dafür, dass wir aktiv und munter werden. Lassen Sie mich deshalb einmal zusammentragen, welche Vorteile der so oft beklagte Stress für Sie hat.

Stress macht stark: Sie wollen einen Bus erreichen, die Möbel allein umstellen oder eine lange Wanderung durchhalten. Dann brauchen Sie alle Kraft in Ihren Muskeln, vor allem Armen und Beinen, und dafür brauchen Sie Stress.

Stress macht »high«: Den »Flow« erreichen wir, wenn wir uns anstrengen. Sie haben das vielleicht schon einmal beim Joggen, Drachensteigen oder Hausputz erlebt.

Stress motiviert: Der Vergleich mit anderen kann Stress auslösen oder ansporenen. Vielleicht hätten Sie nie eine Diät gehalten, die Ihnen am Ende guttat, oder um eine Gehaltserhöhung verhandelt, wenn Sie nicht einen Anstoß durch Dritte bekommen hätten.

Stress macht zufrieden: Etwas vollbracht zu haben, was anspruchsvoll oder gar außerhalb unserer Vorstellung war, macht ein richtig gutes Gefühl. Wir können das meist deshalb besonders genießen, weil wir selbst etwas dafür getan haben.

Stress macht aufmerksam: Teil der Stressreaktion des Körpers ist ein hohes Maß an Konzentration als Voraussetzung dafür, ein Problem lösen zu können. Insbesondere Frauen teilen ihre Aufmerksamkeit oft. Das mag für normale Alltagsroutinen genügen, jedoch nicht, wenn es mal richtig drauf ankommt.

Stress ist ein kostenloses Fitness-Programm: Neueste Sporttheorien empfehlen Intervalltraining statt lange Ausdauereinheiten, weil wir damit das Herz, aber auch die Erholungsreaktion des Körpers besser trainieren. Kleine Aufregungen hier und da trainieren uns also, besser mit ihnen umzugehen.

Stress weckt den Löwen in Ihnen: Sie wollen Ihre Kinder gegen eine ungerechte Behandlung verteidigen oder »Nein« zu noch mehr Überstunden sagen? Dazu gehören Mut und Tatendrang, und die bekommen Sie aus einem aktivierten Körper und Geist.

Ein besserer Umgang mit den Stressoren Ihres Lebens heißt daher nicht weniger oder mehr, sondern anders. Ein anderer Blick führt zu einer anderen Reaktion und Belastung. Natürlich geht es auch hier um Angemessenheit. Wenn Sie plötzlich nur noch alles als positive Herausforderung sehen, stimmt das genauso wenig wie alles als Belastung zu erleben.

Hormonelle Stressreduktion

Erfreulicherweise gibt es auf der Körperebene einen einfachen Weg raus aus dem Stress. Zunächst, indem das Stresshormon Cortisol abgebaut wird. Dies gelingt am besten durch Schlaf, Bewegung und die Reduktion von Fernsehen und Computerzeiten, vor allem am Abend. Das blaue Licht der neuen Technik führt zur Bildung von Cortisol.

Auf der hormonellen Gegenseite haben wir einen guten Freund, den es zu nutzen gilt; Oxytocin ist ein Hormon, das zu Wohlbefinden und Entspannung führt und damit den Einfluss des Stresshormons reduziert. Es wird nicht nur vom Gehirn, sondern vor allem vom Herzen produziert. In einer Umgebung, die von Ruhe, Vertrauen, Dankbarkeit, Mitgefühl und Empathie geprägt ist, hat Stress kaum eine Chance. Aus diesen Gefühlen heraus, die oft als Herzintelligenz bezeichnet werden, handeln wir weitsichtig, klug und sozial. Was können Sie für mehr Oxytocin tun?

- Nutzen Sie mehr Körperkontakt
  Lassen Sie sich zu Hause vom Partner oder bei der Arbeit vom Lieblingskollegen umarmen. Knuddeln Sie die Kinder oder streicheln Sie die Katze. Geben Sie sich selbst eine Fußmassage.
- Lächeln Sie öfter
  Es gibt immer einen Grund dafür und sei es nur, dass Sie auf der Welt sind. Manche Forscher sagen, dass selbst unechtes Lächeln zu Glücksgefühlen führt.
- Denken Sie schöne Gedanken
  Das Gehirn kann nicht unterscheiden, ob Sie sich etwas lediglich vorstellen oder ob Sie es tatsächlich erleben. Es reagiert auf eine vorgestellte Freude ebenso wie auf eine erlebte. So trainieren Sportler ihre Technik und so können auch wir unser Wohlbefinden trainieren.

- Hand aufs Herz
  Sinnbildlich wie direkt: Diese Geste entspannt sofort und tut Kopf, Herz und Körper gut. Sie stellen eine Verbindung mit Ihrer Herzintelligenz her und der Stress wird abgebaut.
- Trainieren Sie gute Gefühle
  Zum Beispiel durch Meditation oder bewusste Achtsamkeit. Sie können diese selbst und wann Sie wollen hervorrufen und sozusagen darin baden.

Sinnvolle Alltagsorganisation

Verhalten Sie sich so, dass es zu Ihnen und Ihren Prioritäten passt. Damit ist alles zur Organisation Ihres Alltags gesagt. Es geht um die konsequente Planung und Umsetzung all dessen, was dafür nötig ist.

Sie haben im Abschnitt Selbstausrichtung und Selbstdefinition grundlegende Überlegungen zu sich und Ihrem Leben angestellt. Daraus ergibt sich, wie Ihr Alltag optimal aussehen müsste. Das ist die Theorie. Aber warum sieht dieser in der Praxis nicht so aus? Wenn Sie gern in der Natur sind, warum sind Sie es nicht täglich? Wenn Ihnen nach mehreren Gläsern Wein am Abend vorher morgens nicht wohl ist, warum trinken Sie stattdessen nicht lieber Tee? Wie kommt es, dass wir in allen Umfragen sagen, Freunde, Familie, Beziehungen seien uns sehr wichtig, nehmen uns aber gar keine Zeit für unsere Freunde oder gehen nicht aus, um einen neuen Partner kennenzulernen?

Konzentrieren Sie sich auf das,
was Sie **wirklich**, nicht nur scheinbar,
kurz- und langfristig **glücklich** macht.
Stecken Sie dort die **meiste Kraft**,
Zeit und **Energie** hinein.

Das kann durchaus die Arbeit sein. Wenn Sie genau nachrechnen, stimmt es übrigens nicht, dass wir die meiste Zeit auf der Arbeit verbringen. Denn der Tag hat 24 Stunden und wir arbeiten davon acht bis zehn. Als Wochenarbeitszeit verschiebt sich das Verhältnis noch mehr. Selbst wenn wir die meiste Kraft in die Arbeit stecken, kann das genau richtig sein, wenn wir daraus unsere Freude im Alltag ziehen. Wenn wir sagen, Tiere oder die Familie oder ein Hobby sind das Wichtigste im Leben, dann sollten wir in diese, wenn schon nicht die meiste Zeit, dann doch die meiste Kraft investieren. Doch auch die meiste Zeit würde funktionieren, wenn wir sie nicht mit allzu häufigem Fensterputzen, Fernsehen, Grübeln, sich um alles Mögliche kümmern verbrauchen würden. Die meiste Energie in die eigenen Interessen außerhalb der Arbeit zu stecken, heißt nicht, unengagiert zu arbeiten, sondern angemessen und nicht sich überfordernd, gut organisiert und effizient. Allzu oft wollen wir nur viel erledigen und fragen uns gar nicht, ob wir den sinnvollsten Weg wählen. Wir sind beschäftigt statt produktiv.

Am wichtigsten ist mir in diesem Abschnitt die Erinnerung an die gute alte Küchenwaage. Es wird auch weiter so sein, dass wir den wachsenden Anforderungen unserer Umwelt und von uns selbst gerecht werden müssen. Viele Alltagsbedingungen wie Elektrosmog, zu viel Kaffee oder Lärm sind nicht optimal. Dies alles liegt in der Belastungswaagschale. Wichtig ist, was wir wie oft und wie viel wir auf die andere Seite legen.

Individualität ist erwünscht
Seien Sie bei Ihren Ausgleichaktivitäten kreativ. Jedem tut etwas anderes gut. Mancher liebt Sauna, andere nicht. Genauso ist es mit warmem oder kaltem Essen, Kochen, Golf spielen, Meditieren oder Basteln. Der eine hat einen grünen Daumen, der nächste findet Gartenarbeit langweilig. Wichtig sind

Dinge, die Ihnen guttun und die eine Abwechslung zu Ihrer Hauptbeschäftigung sind. Für mich, die ich sehr viel am Computer sitze, müsste es in der Freizeit ein Computer-/Fernseh-/Handyverbot geben. Augen und Gehirn brauchen Pausen und Ausgleich. Die regelmäßigen kleinen und großen Erholungspausen sind wichtig und reichen im Verhältnis zur Beanspruchung oft nicht. Eine Balance können Augenübungen sein, das Schließen der Augen für einige Augenblicke. Vor allem jedoch ein Gang oder Blick in die Natur. Die Augen brauchen zum Ausgleich Grünes und Fernsicht. Deshalb habe ich in meine Nachmittage einen Spaziergang integriert.

Leider muss ich gestehen, dass auch ich mich dazu überwinden muss. Es gibt scheinbar immer Wichtigeres als meine Gesundheit. Also habe ich mir überlegt, wie ich es mir leichter machen kann, auch wirklich rauszugehen. Dann ist mir aufgefallen, wie dankbar, stolz und glücklich ich bin, dass ich so gute und gesunde Augen habe und keine Brille brauche. So führe ich nun meine Augen »Gassi«, damit das auch so bleibt. Das ist ein gutes Motiv, um dranzubleiben.

Schauen Sie in alle Richtungen. Tauschen Sie sich mit Freunden aus. Manchmal fehlen einem selbst die Ideen, was man sich neben Essen, Trinken, Schlafen und Sport Gutes tun kann. Lassen Sie sich von anderen Kulturen inspirieren oder entdecken Sie altes Wissen unserer Vorfahren wieder.

Bleiben Sie dran, es kann dauern, bis Sie einen Effekt merken. Und beugen Sie vor. Auch wenn noch nichts wehtut, heißt das nicht, dass der Körper oder/und die Seele gut drauf sind. Der menschliche Körper kann viel ausgleichen, man denke nur an die Schonhaltung bei Rückenschmerzen. Aber das klappt nur kurzfristig, denn durch die unnatürliche Haltung entsteht an anderer Stelle irgendwann eine Überlastung, die ihrerseits Schmerz verursacht.

Hoffentlich sind Sie nicht enttäuscht, dass ich nicht den einen Traumtipp für eine bessere Organisation Ihres Alltags habe. Aber im Grunde wissen Sie schon alles, was Sie dafür brauchen: das Unangenehmste zuerst zu tun, regelmäßig zu entmüllen, sich nicht zu viel vorzunehmen, kleine Schritte zu gehen, Dinge nur einmal anzufassen usw. Es gibt so viele Tipps, die Sie schon gelesen oder probiert haben könnten. Aber Sie werden das alles nicht tun, wenn Sie nicht als Erstes gut für sich sorgen. Weil Ihnen dann die Kraft für die konsequente Organisation fehlt. Wenn Sie sich nicht wertschätzen, fehlt das Motiv.

Beim Selbstmanagement haben Sie zwei Stellschrauben. Weniger Belastung oder mehr Ausgleich. Je größer die Belastungssituation ist, umso größer muss die Investition in das Wohlbefinden sein.

Kurz gesagt

Heilende Selbsterkenntnis

Ich bin noch immer am Meer, um für Sie und mich das bestmögliche Buch zu schreiben. Der Frühstücksraum meines Hotels ist wunderschön und geräumig, auf jedem Tisch stehen Kerzen und von vielen Tischen hat man Meerblick. Ich habe inzwischen herausgefunden, dass die günstigste Zeit zum Frühstücken im Sinne der Tischauswahl kurz vor 9 Uhr ist. So komme ich auch an diesem Morgen entsprechend nach unten und finde einen freien Tisch am Fenster. Ich lege meine Zeitung ab und greife nach der Karte für zusätzliche Eierspeisen. Die freundliche Bedienung begrüßt mich und fragt, ob ich Orangensaft möchte, und ich verneine. Darauf sie: »Und der Herr?« – Ich schaue sie irritiert an und antworte, dass ich allein bin.

Diese kurze Episode bringt mich zum nächsten Thema. Wie haben Sie die Verluste, Kränkungen oder unerfüllten Wünsche Ihres Lebens verarbeitet? Ich versuche mir vorzustellen, wie ich mich kurz nach meiner Scheidung oder als unglücklicher Single bei dieser kleinen Frage der Bedienung gefühlt hätte. Kleine Bemerkungen können genauso treffen wie große. Die Treffer sind ein wertvoller Hinweis für uns. In der Hotelsituation war die Frage für mich nur merkwürdig. Die Bedienung hat sich nichts dabei gedacht. Dritte können ganz unbeabsichtigt an unsere Wunden rühren. Deshalb ist es auch notwendig, dass wir uns heilen und vergangene Kränkungen verarbeiten, wenn wir nicht immer wieder aus dem Gleichgewicht gebracht werden wollen.

Der kluge Umgang mit der Vergangenheit

Beobachten Sie in Ihrem Alltag folglich nicht nur, was Ihrem Wohlbefinden nützt, sondern auch, wo sie es verlieren. Ich empfehle, sich im Sinne eines wertschätzenden Umgangs mit sich selbst dafür zu entscheiden, die eigenen Negativthemen zu bearbeiten. Je mehr Sie verstehen, lösen, verzeihen, heilen, umdenken, umso freier werden Sie. Die Erkenntnis »Ich bin verletzt, enttäuscht, gefangen in alten Gefühlen« ist allerdings nicht angenehm, und die Bearbeitung alter Themen erfordert Einsatz. Das ist erst einmal anstrengend, aber es ist lohnend, und Sie tun es für sich.

Überholt ist inzwischen die Auffassung, man müsse alles noch einmal durchleben, um es zu heilen. Das Unterbewusstsein sortiert zu Recht Erfahrungen weit weg von unserem Bewusstsein ein. Dies ist ein wichtiger Schutz. Und genau dort kann auch geheilt werden. Das Unterbewusstsein hilft sich wunderbar selbst, wenn wir ihm den richtigen Anstoß geben. Ich persönlich bin für Aufarbeitungsprozesse ein großer Fan der neuen psychologischen Möglichkeiten, wie z.B. EFT (Emotional Freedom Technique), Kinesiologie oder der Alpha-Synapsen-Programmierung. Genauso gut kann Ihnen aber auch eine Gesprächs- oder Verhaltenstherapie helfen. Heutzutage gibt es glücklicherweise viele Optionen. Wichtig ist, dass die Person, die mit Ihnen arbeitet, zu Ihnen passt. Dann erst kommt die Methode. Lesen Sie, testen Sie (YouTube bietet viel zum Ausprobieren) und holen Sie Empfehlungen ein. Natürlich ist es schön, wenn Ihre Krankenkasse etwas von den Kosten übernimmt. Meiner Ansicht nach ist die Handlungsbereitschaft aber größer, wenn man selbst bezahlt.

Damit so eine Intervention erfolgreich sein kann, braucht es Engagement, Motivation, positive Erwartungen und Konsequenz. Meine Empfehlung ist, immer zunächst »den Keller aufzuräumen«, bevor Sie Ihr Haus neu anstreichen. Natürlich können Sie mit den Methoden der Positiven Psychologie das Haus sofort verschönern, doch wenn im Keller noch Altlasten liegen, kann der Effekt schwächer sein oder beeinträchtigt werden.

Wie kommen Sie aber nun den »Störthemen« auf die Schliche? Zum Beispiel, indem Sie aufmerksam wahrnehmen, wo Sie überreagieren. Wäre ich in der vorhin geschilderten Situation gekränkt gewesen, hätte ich innere Dialoge mit der Bedienung geführt oder wären mir vielleicht sogar die Tränen gekommen, dann hätte ich aufmerksam werden müssen. Wenn die Bemerkung eines Kunden, Ihrer Eltern oder einer Verkäuferin Sie nicht mehr loslässt, Sie sozusagen getroffen sind, dann ist das ein wichtiger Hinweis. Gedankenkreisen, die Beschäftigung mit etwas Unangenehmem länger als wenige Minuten, unangenehme Gefühle, innerer Rückzug, Unruhe, Aggressivität sind Signale, die Sie beachten sollten. Wenn Sie »zurückbeißen«, sich länger verteidigen als angemessen, ebenfalls. Natürlich gibt es Bemerkungen, die wir im gesellschaftlichen

Kontext als kränkend empfinden. Natürlich müssen Sie falsche Behauptungen im Job richtigstellen. Doch werden Sie aufmerksam, wenn Sie sozusagen hängen bleiben. Dass wir emotional getroffen sind, merken wir auch daran, dass wir den anderen nicht mehr in die Augen schauen können.

Es gibt für alles eine Lösung
Schenken Sie sich die Möglichkeit, über den negativen Dingen zu stehen. Zum Verletzen und Kränken gehören immer zwei. Einer, der macht, und einer, der mitmacht. Sonst müssten alle Menschen von denselben Themen enttäuscht, verletzt oder verärgert sein. So ist es aber nicht. Eine kleine Herausforderung ist es, herauszufinden, was genau uns belastet. Hier hilft eine einfache Übung. Sich Zeit für die Betrachtung der Gefühle zu nehmen und innerlich zu formulieren »Ich fühle«. Wenn Sie ein Gefühl benennen wollen, müssen Sie es erkennen. Es ist ein Unterschied, ob Sie sich hilflos, enttäuscht, verärgert oder traurig fühlen.

Ich stelle immer wieder fest, dass hinter diesen Gefühlen häufig eine Kränkung steht. Unser sogenanntes Ego hat viel Kraft und ist so sensibel, wenn es scheinbar getroffen wird. Danach zu schauen, ist immer eine gute Idee. Der Verlust eines Partners zerstört ein Lebenskonzept, enttäuscht, verletzt. Doch manchmal ist die Kränkung unserer Eitelkeit größer als alles andere. Wir wussten doch und wollten nicht wahrhaben, dass die Beziehung nicht funktioniert. Wenn wir trotzdem immer weiter investiert haben, ist die Kränkung umso größer.

Der Verlust eines Arbeitsplatzes ist erschütternd, ärgerlich, traurig – und oft auch eine Kränkung. Wenn wir zum Beispiel einen heimlichen Machtkampf mit dem neuen Chef geführt und ihn verloren haben. Selbst wenn wir wissen, wir müssten eigentlich gehen, tun wir es aus Angst vor Veränderung nicht.

Kommt der Anstoß dann von außen, passt es uns auch nicht und wir sind gekränkt. Trauen Sie sich an sich selbst und die heiklen Themen heran. Je genauer Sie wissen, was bei Ihnen abläuft, umso besser können Sie eingreifen.

Auch hierbei ist Ausdauer und Geduld nötig. Denn wenn wir die ersten Themen verstanden und für Erleichterung gesorgt haben, kommen die nächsten. Die Arbeit an sich selbst ist nie ganz beendet. Die gute Aussicht ist jedoch, dass es immer einfacher wird, sich mit seinen Problemen zu befassen, umzudenken oder sich neu zu orientieren. Und je besser es Ihnen geht, umso mehr Energie haben Sie, Probleme zu lösen.

Die Glückspsychologin Sonja Lyubomirsky hat sich mit der Aufarbeitung schlechter Erfahrungen befasst und herausgefunden, dass das 15-minütige Schreiben oder Sprechen über schlechte Erfahrungen das körperliche und geistige Wohlbefinden, Zufriedenheit und Gesundheit verbessert. Das Nachdenken darüber hingegen nicht. Nachdenken verführt dazu, zu grübeln, oder uns im Kreis zu drehen. Schreiben und Sprechen führen zu Synthese und Verständnis. Durch Nutzung der Sprache wird Ereignissen eine Struktur und Bedeutung gegeben, durch die sie eingeordnet und verarbeitet werden können.

Diese Forschung bestätigte auch, dass positive Emotionen negative ausgleichen und auf physiologischer Ebene Aufregung abbauen können. Beim Schreiben über positive Aspekte eines negativen Ereignisses verbessern sich Herzschlag, Hautwiderstand und Immunsystem.

Übrigens verschlechtert die umfangreiche gedankliche Analyse auch von positiven Ereignissen das Wohlbefinden. Weil Zweifel kommen, was die Ursache war, dass es auch anders hätte sein können oder ob es verdient war. Das Wunder Glück geht durch die Analyse verloren. Deshalb sollten wir uns an positive Ereignisse besser nur erinnern, ohne sie zu analysieren.

An der Universität Bonn haben Gesundheitspsychologen um Bernd Weber ein Phänomen untersucht, das sich negative generalisierte Reziprozität nennt. In dieser sind wir gefangen, wenn wir negatives Befinden nicht erkennen und gegensteuern. Darunter versteht man, dass Menschen, die sich unfair behandelt fühlen, sich dem Verursacher und leider auch Unbeteiligten gegenüber genauso unfair verhalten. Es wurde getestet, wie dieser emotionale Teufelskreis durchbrochen werden kann. Zur Auswahl standen eine Pause, um Abstand zu gewinnen, eine neutrale Bildbeschreibung zur Ablenkung sowie eine Beschwerde-Mail an den Verursacher. Letztere hatte den größten Erfolg. Wahrscheinlich, weil, wie schon beschrieben, eine Verarbeitung der Emotionen stattfand und die Situation neu bewertet wurde. Dies führte zu neuer Fairness gegenüber Dritten.

Nach dem befreienden Blick nach hinten käme nun die Vorbereitung auf das zukünftige Leben.

> Was Sie **heute denken**, **tun** und **fühlen**,
> **schafft** Ihr **Morgen**.
> Das Gehirn passt sich an.
> Sie wiederholen das **heutige Denken**,
> Fühlen und Tun.

Nutzen Sie daher immer wieder die Definition, wie Sie sein und leben wollen. Unterstützung bekommen Sie von Ihren Stärken oder Ressourcen, die Sie haben und noch besser nutzen können.

Wir sind so stark wie unsere Stärken

Aufbauend auf der Analyse von sogenannten Tugenden, die auch unsere Kultur seit Langem kennt, hat die Positive Psychologie ein Stärkenkonzept mit 24 Charakterstärken definiert.

Ich habe mich mit dem Thema Stärken bzw. Ressourcen ausführlich befasst, weil sie ein höchst effizienter Werkzeugkasten für uns sind. Und weil ich wieder nach einfachen Lösungen suche. Für das Stärkenkonzept spricht, wie bereits erläutert, dass wir etwas nutzen, was schon da ist. Die Nutzung von Stärken führt nicht zum Verbrauch, sondern im Gegenteil zur Erweiterung und Verstärkung der Ressource selbst. Ganz wichtig für die Integration in den Alltag ist: Wir können alleine aktiv werden, und es macht immer Spaß. Optimistisch zu sein, fühlt sich genauso gut an wie freundlich oder mutig zu sein.

Alle Stärken verbessern Wohlbefinden, Gesundheit und Lebenszufriedenheit. Hier habe ich fünf zusammengestellt, deren positive Wirkung besonders groß ist und die uns im Alltag vertraut sind. Auch wenn wir sie manchmal vergessen, sind sie doch immer da und müssen nur wieder entdeckt werden.

Optimismus

Optimismus wird verstanden als Überzeugung, in der Zukunft positive Dinge zu erleben und selbst Einfluss darauf zu haben. Optimistische Menschen stellen sich den Anforderungen und erfahren dadurch, dass sie selbst Einfluss haben. Das wiederum schafft neue optimistische Erwartungen. Optimistisches Denken wäre zum Beispiel: Ich erwarte eine gute Zukunft. Ich habe viel Gutes erlebt und das wird auch so bleiben. Ich kann auf vieles Einfluss nehmen und tue dies auch.

Dem Optimismus dient die Vorwegnahme von Hindernissen. Auf diese Weise ist man besser auf sie vorbereitet. Dies schafft Vertrauen, mit dem, was kommt, umgehen zu können.

Resilienz

Resilienz bedeutet Widerstandsfähigkeit, Anpassungsmöglichkeit und damit die Fähigkeit, kritische Situationen bewältigen zu können. Es bedeutet außerdem selbstverantwortlich zu handeln, statt abzuwarten. Und es ist die Fähigkeit, die Dinge, auch negative, so zu nehmen, wie sie sind. Resilientes Denken wäre z. B.:

Wenn es einmal nicht klappt, klappt es beim nächsten Mal. Ich bin schon gestärkt aus Problemsituationen hervorgegangen. Ich erhole mich nach Rückschlägen oder Enttäuschungen immer wieder.

Die Widerstandsfähigkeit wächst vor allem durch soziale Bindungen und den Einsatz von guten Gefühlen in negativen Situationen. Wer gut drauf ist, hat den besseren Überblick, ist kreativer und weniger schnell aus der Balance zu bringen.

Sinn

Die Einordnung in einen größeren Zusammenhang, die Bedeutungsvermittlung durch übergeordnete Systeme stärkt und hilft zu relativieren. Das umfassendste Beispiel ist sicher die Frage nach dem Sinn des Lebens, insbesondere dem Sinn des eigenen Lebens. Häufig ist das Erleben von Sinn mit dem Erleben von Grenzen verbunden. Viele Menschen, die eine Krankheit oder einen Verlust erfahren und sich damit auseinandersetzen, kommen zu Sinnfragen. Im Alltag opfern wir Sinnfragen häufig der Hektik und dem Gefühl von Zeitmangel. Stattdessen erleben wir Sinnlosigkeit, Leere, Unverständnis, Erschöpfung, Depression. Typisch für Sinnorientierung wäre z. B.:

Ich tue gern etwas für mein Team, meine Familie, eine Gemeinschaft. Ich weiß, wofür ich meine Arbeit mache. Ich sehe meinen Beitrag als Teil eines großen Ganzen. Ich möchte, dass etwas von mir bleibt.

Dem Sinnerleben nützt es, sich bewusst in gemeinsame Aufgaben einzubringen oder diese als solche zu erleben, sich Auszeiten in Ruhe und Stille zu nehmen und das eigene Leben von außen zu betrachten.

Dankbarkeit

Dankbarkeit ist eine Orientierung auf das Gute. Egal, welche Schwierigkeiten wir gerade erleben, wir können für das trotzdem vorhandene Schöne und Angenehme im Leben dankbar sein. Voraussetzung und Ergebnis ist die Konzentration auf die Gegenwart. Dankbarkeit verhindert negative Gefühle und gleicht sie aus. Wir sind stressresistenter und können uns schnell erholen. Die Freude über das Gute, das uns widerfährt, erhöht die Bereitschaft, selbst Gutes zu tun. Dankbarkeitsgedanken wären: Ich sehe, was für ein gutes Leben ich habe. Ich schätze, was ich erreicht habe. Ich zolle anderen gern Anerkennung. Ich danke anderen Menschen regelmäßig.

Der Extratipp: Wenn Sie sich gerade sehr über Ihren Partner, Chef oder Kunden aufregen, nehmen Sie sich einen Augenblick Zeit und schreiben Sie eine Liste. Wofür sind Sie im Leben dankbar? oder – für Fortgeschrittene –: Wofür sind Sie in Bezug auf diese Person dankbar? Es ist mühsam, doch es lohnt sich.

Genussfähigkeit

Die Kunst, sich an dem, was ist, zu erfreuen, benötigen wir bei jedem Schritt auf unserem Weg zum Ziel. Wir können sogar Krisensituationen und unsere Fähigkeit, damit umzugehen, genießen. Wenn wir davon ausgehen, dass wir künftig in einer Postwachstumsgesellschaft leben, in der auch Stagnation und Abwärtstrends normal sind, wird es umso wichtiger, dass uns nicht erst Verluste dazu zwingen, unsere Werte zu überdenken. Je mehr wir uns an dem Vorhandenen erfreuen können, umso weniger werden uns Veränderungen im Lebensstil stören.

Genussdenken ist: Ich genieße es, in der Natur zu sein. Auszeiten für Genuss sind mir wichtig. Ich konzentriere mich auf das, was ich tue. Ich gestalte meine Umgebung so, dass ich mich darin wohlfühle. Ich bringe zum Ausdruck, wenn mir etwas gefällt.

Für die Erweiterung von Genuss gilt es, alte Denkgewohnheiten, wie die, dass man sich Genuss erst verdienen muss, zu überwinden. Es gilt, sich Zeit und Raum dafür frei zu halten. Am Computer schnell essen und trinken und Genuss schließen sich genauso aus, wie verärgert über den Sinn des Lebens nachzudenken.

Kurz gesagt   Selbsterkenntnis heißt keinesfalls Mauern aufzubauen, um »das nicht noch einmal zu erleben«. Sondern Schmerz und Kränkungen zu verstehen und zu verarbeiten, »um das nicht noch einmal zu erleben«. Dies bringt die Unabhängigkeit von der Vergangenheit und schützt die Zukunft.

Unschlagbare Selbstmotivation

Wenn ich mich umhöre, welche Themen von Unternehmen für Trainings und Vorträge gerade am häufigsten gebucht werden, sind es meist die sogenannten Motivationsthemen. Vorgesetzte wollen Mitarbeiter, Eltern Kinder, Mitarbeiter Kunden, wir uns selbst zu anderem Verhalten motivieren.

In all diesen Fällen gehen wir von der falschen Voraussetzung aus, dass man erfolgreich von außen motivieren kann. Dass man nur den richtigen Knopf finden müsste. Mit der Methode »Zuckerbrot und Peitsche« hat das – nicht nur – in der Wirtschaft zum Teil funktioniert: Erwünschtes Verhalten wird belohnt, unerwünschtes bestraft. Auch heute möchten wir neben dem 13. gern noch ein 14. Gehalt, und die Boni können nicht groß genug sein. Beim betrieblichen oder gesetzlichen Gesundheitsmanagement wird ebenfalls über Belohnungen, Rückzahlungen oder höhere Beiträge motiviert. Doch sowohl Unternehmen wie Krankenkassen erleben, dass die Menschen, um die es geht, schwer zu erreichen und zum langfristigen Dranbleiben zu bewegen sind.

Motivation funktioniert langfristig nur von innen heraus, also als Selbstmotivation. Deshalb plädiere ich dafür, dass vor allem in Unternehmen die Verantwortung für Gesundheit an die Mitarbeiter zurückgegeben wird. Natürlich müssen dafür entsprechende Rahmenbedingungen geschaffen werden. Doch die Gesundheit des Einzelnen muss als Erstes das Interesse des Einzelnen sein. Wenn Unternehmen uns alles abnehmen, gewöhnen wir uns daran, und wie bei Eltern, die ihren Kindern zu viel abnehmen, entsteht dann eine Haltung von »Sorge du für mich«. Wenn wir dies in den Kontext der für Wohlbefinden nötigen Anstrengung stellen, wird klar, warum das nicht funktionieren kann. Hinzu kommt die Erkenntnis, dass Menschen, denen es gut geht, nicht motiviert werden müssen. Sie sind von ganz allein engagiert.

Lassen Sie uns also unseren Erfolg selbst in die Hand nehmen. Jede Investition in sich selbst bringt garantiert Gewinn. Dabei ist es wichtig, nicht nur in positive Zukunftsaussichten zu investieren. Wer den Erfolg nur im Geist durchspielt, strengt sich nicht mehr an und der Erfolg bleibt aus. Die Psychologin Gabriele Oettinger hat eine Technik entwickelt, die Motivation und Erfolg verbessert: das mentale Kontrastieren. Neben der Zieldefinition werden dabei die zu erwartenden

Hindernisse vorweggenommen und Strategien zur Überwindung entwickelt. Diesen Aufwand betreibt man jedoch nur dann gern, wenn etwas wirklich wichtig ist. So ist die Frage der Motivation auch immer eine Frage von Bedeutung. Manchmal investieren wir zu viel in Ziele, die gar nicht unsere oder nicht so wichtig sind. Dann verlieren wir durch den Ärger über das Nicht-Erreichen auch noch Zeit und Kraft. Besser wäre die Erkenntnis, es war eben nicht richtig oder wichtig oder beides, und nach einer Erholungsphase wieder neu zu starten.

Gutes Befinden fördert Motivation

Wenn man Motivation unter diesen Gesichtspunkten betrachtet, können sich Unternehmen, Familien und wir selbst uns das Thema Motivation sehr einfach machen: indem sie/wir Wohlbefinden verbessern und vor allem jeden Einzelnen unterstützen, dies selbst zu tun. Der Psychologe Nico Rose hat unter dem Begriff ROFL (Return on Flourishing) zusammengefasst, warum sich dies für alle Beteiligten lohnt.

Gute Gefühle sind nicht nur Folge von Erfolg, sondern dessen unterschätzte Voraussetzung. Glückliche Menschen sind allein aufgrund ihrer Stimmung motivierter und proaktiver, außerdem seltener und weniger lange krank. Wer gesund ist, hat mehr Energie. Sie haben ein positiveres Selbstbild, und das ist Teil von Motivation.

Glückliche Menschen haben eine breitere Perspektive, was sie mehr Möglichkeiten und Lösungen sehen lässt.

Glückliche Menschen finden mehr Sinn in dem, was sie tun. Das ist einer der größten Motivatoren. Sie stecken darüber hinaus andere positiv an und motivieren durch ihr Vorbild.

Ich kann mir gut vorstellen, dass Sie denken: »So einfach kann es doch nicht sein.« Manchmal denke ich das auch, weil auch ich die Anstrengung als Normalität im Kopf habe. Abgesehen davon, ist es tatsächlich nicht einfach, von heute auf morgen glücklich zu sein. Im Vorteil sind natürlich diejenigen, die schon länger glücklich sind und dies vertiefen und ausbauen wollen.

Machen Sie den Test: Beobachten Sie Ihre und die Motivation Ihrer Umgebung an Tagen, an denen Sie super drauf sind und gute Laune versprühen, und an Tagen, wo Sie sich zur Pflichterfüllung schleppen. Wem folgen Menschen eher, einem strahlenden freundlichen, wertschätzenden Kollegen, Chef, Geschäftspartner oder einem mürrischen, aggressiven? Wohin gehen Kunden zuerst? In eine Atmosphäre des Wohlbefindens oder der Anstrengung?

Variieren Sie die Mittel, wenn Sie sich und andere zusätzlich motivieren wollen. Denken Sie an zwei ganz einfache Motivationen, die nichts kosten: Lächeln und Dank. Beide haben allerdings eine Wirksamkeitsvoraussetzung, sie müssen ehrlich gemeint sind. Doch wenn Sie authentisch sind, wird die Wirkung immer eintreten.

Jedes Detail zählt

Achten Sie auf die kleinen Dinge, die im Alltag für gutes Befinden sorgen, und denken Sie an das nötige Verhältnis von drei zu eins (positive Eindrücke zu negativen). Sagen, schreiben und denken Sie »Danke«, wann immer es geht. Lächeln Sie zurück. Beginnen Sie Meetings mit guten Erfahrungen, schreiben Sie Ermutigendes in Ihren Mail-Absender. Machen Sie Komplimente, loben Sie Menschen für kleinste Erfolge. Bemerken Sie positive Veränderungen und gute Absichten und kommunizieren Sie das. Legen Sie ein Recht auf gute Stimmung für Ihr Leben fest und tragen Sie selbst dazu bei.

Hilfreich ist es außerdem, sich mit optimistischen Menschen zu umgeben, optimistische Gedanken zu lesen und so die Kategorie des Optimismus zu entwickeln, die immer mit guten Gefühlen einhergeht. Verstärken Sie positive Erfahrungen. Erinnern Sie sich bewusst an Einzelheiten und freuen Sie sich in der Erinnerung an dem Gelungenen. So öffnen Sie Ihre Wahrnehmung für »mehr davon«.

Halten Sie sich fern von Menschen, Zeitungen, Fernsehen, wenn diese nur negative Informationen, Missmut und Zweifel verbreiten. Je mehr wir davon hören, umso normaler scheint es uns, und am Ende glauben wir gar, so ist die Realität. Überprüfen Sie lieber die Tatsachen. Was ist wirklich geschehen? Was ist lediglich Interpretation oder Spekulation? Bitte erinnern Sie sich: Ohne negative Gedanken gibt es keine negativen Gefühle.

Handeln Sie, statt zu grübeln: »Man müsste«, »wir sollten« – dadurch ändert sich nichts. Wenn Sie Ideen haben, wie es besser gehen kann, dann bringen Sie sie ein. Und bleiben Sie dran, statt nach zwei Versuchen aufzugeben. Wenn Sie helfen wollen, dann tun Sie es. Sie alleine werden keinen Krieg verhindern. Doch Sie können für einen Menschen einen Unterschied herbeiführen.

> **Kurz gesagt** Geistige Disziplin heißt, eigenverantwortlich den Blick auf die Welt immer wieder in Richtung Positives zu justieren. Entsteht dadurch Wohlbefinden, wird Motivation ein Selbstläufer.

Dienende Selbstdisziplin

Während meiner Ostsee-Schreibwoche entdecke ich ein Kursangebot: Thai-Yoga. Das ist eine gute Idee, um den Körper nach der immer gleichen Sitzhaltung beim Schreiben zu dehnen und zu entspannen. Ich habe schon verschiedene Yoga-Richtungen getestet und übe einmal wöchentlich zu Hause. Neugierig begebe ich mich zum Kurs und erfahre, dass es sich um das Yoga der Thai-Krieger handelt. Mir schwant nichts Gutes. Obwohl ich gut trainiert bin oder mich dafür halte, bin ich nach wenigen Minuten am Zittern. Alle Übungen werden in der Hocke durchgeführt, gern auch auf einem Bein. Ich kenne diese Übungen, die so leicht aussehen, aber in die Tiefenmuskulatur gehen und furchtbaren Muskelkater verursachen. Obwohl ich die Kraft dosiere – ich weiß nicht, was noch kommt – strengen mich die Übungen sehr an. Unmut macht sich breit. Ich wollte mir doch etwas Gutes tun und mich nicht quälen. Innerlich fange ich an zu schimpfen, dass ich mir das so nicht vorgestellt habe. Und dann denke ich an dieses Buch.

Bei der kleinsten körperlichen Anstrengung sagen wir »Nein, das ist zu viel«, statt unseren Körper durch Belastung zu trainieren. Diese Situation ist die perfekte Erinnerung daran, dass der Körper dazu geschaffen ist, genutzt zu werden. Ich erinnere mich an ähnliche frühere Situationen mit einem Fitness-Coach. Ich wollte fitter und schlanker sein, mich aber nicht anstrengen! Immer, wenn ich mich überfordert gefühlt habe und lange Muskelkater hatte, habe ich mich beschwert, dass das Maß nicht stimmt. Und der Trainer erklärte immer wieder geduldig, dass Muskeln sich nur durch Belastung entwickeln, nicht durch Schonung. Mein Hauptargument war, dass ich Freude am Sport haben wollte und die Anstrengung mir diese nimmt. Vor allem, weil ich mich auch sonst schon so viel anstrenge. Er meinte damals, dann müsse ich einfach die Gewichtung verschieben und mich im Leben weniger überanstrengen, damit Kraft für den Körper übrig bleibt.

Dies alles fiel mir jetzt wieder ein und also übte ich weiter und konzentrierte mich auf die Vorfreude, danach ein gutes Körpergefühl zu haben. Und so kam es auch! Gemeinsam mit der Zufriedenheit, durchgehalten zu haben. Sie kennen diesen Kreislauf bestimmt auch. Erst der gute Vorsatz, überhaupt etwas zu tun. Hoffentlich gefolgt von der Überwindung und dem tatsächlichen Sich-Zeit-nehmen sowie der Mühe, wenn man etwas Ungewohntes tut oder aus dem Training ist. Vielleicht Enttäuschung, wie wenig man schafft, oder der innere Kampf, aufzugeben oder dranzubleiben. Dann die Aussicht auf Wohlbefinden, und schließlich der Stolz auf sich und den Körper, der doch etwas kann. Der Muskelkater erinnert daran, dass wir etwas geschafft haben und natürlich auch, dass wir öfter und regelmäßiger etwas tun sollten.

Nuancen unterscheiden

Ganz genauso ist es mit unserem Gehirn. Wir beachten es gar nicht oder wenn, dann so wie den Körper, wenn etwas nicht stimmt oder wehtut. Wir lassen es machen, was es will. So, wie der Körper aus der Form gerät, tut es auch der Kopf. Klagen, Grübeln, Ärger sind genauso kontraproduktiv wie das Gefühl, sich nicht zu Sport aufraffen zu können. Bleiben wir dabei, geraten wir in eine Abwärtsspirale. Je weniger wir den Körper benutzen, umso träger und leistungsschwächer wird er, und der Weg zur Veränderung dauert länger. Je älter wir sind, umso größer die Investitionen. Der Stoffwechsel wird langsamer, die Muskeln werden weniger. Allein um das Niveau zu halten, müssten wir mit jedem fortschreitenden Jahr mehr tun. Ähnlich beim Gehirn: Es gewöhnt sich daran, so zu denken, wie wir immer denken. Die Art, wie wir z. B. auf Probleme oder Enttäuschungen reagieren, ist Routine, tausendfach wiederholt und deshalb relativ stabil. Gehen wir dann einmal zur Meditation oder zum Coaching und es bessert sich nicht sofort etwas, sind wir enttäuscht und hören wieder auf.

Die Forschung sagt, es dauert ein bis zwei Jahre, bis sich der Körper an ein neues Gewicht gewöhnt hat. Der Geist ist etwas schneller. Es dauert immerhin nur 30 Tage bis drei Monate bei täglichem Üben, dass wir neue mentale Gewohnheiten etablieren!

In diesem Abschnitt geht es um die Disziplin, gut für uns selbst zu sorgen und uns Gutes zu tun. Wenn ich Ihnen ein paar »Disziplinen« empfehlen kann, dann diese:

- Sich aufraffen, den Schreibtisch aufzuräumen
- Sich anstrengen, eine neue Sportart zu erlernen oder den Körper mehr zu fordern
- Sich überwinden, etwas auszusprechen, was gesagt werden muss
- Sich mäßigen, wenn zu viel Essen oder Alkohol abends die Nachtruhe stört
- Schlafen gehen, wann es für den Körper passt, nicht für unsere Mitmenschen
- Regeln beim Essen, Bewegen, Denken befolgen, die unserem Gleichgewicht guttun
- Nein sagen zu kostenlosen Snacks z. B. im Flugzeug, die weder schmecken noch gesund sind
- Den Fernseher auslassen, auch wenn es schwer fällt
- Sich entschuldigen, wenn man einen Fehler begangen hat
- Der Erste sein, der grüßt und lächelt
- Großzügig sein, wenn andere anders sind
- Morgens früher aufstehen, um sich etwas Gutes zu tun
- Tagsüber an die Luft gehen, egal, wie das Wetter ist
- Pausen einhalten und sich erholen
- Technikpausen machen

Diese »Disziplin« ist nicht gemeint:
- Ständig Überstunden machen, weil die Arbeit nicht zu schaffen ist
- Essen und trinken, was man nicht mag, um höflich zu sein

- So tun, als ob einem etwas gefällt, wenn das nicht stimmt
- Negative Gedanken oder Sorgen unterdrücken
- Alles allein schaffen wollen, statt um Hilfe zu bitten
- Andere durch Mehrleistung beeindrucken wollen
- Ja sagen, wenn das überhaupt nicht stimmt
- Pflichterfüllung vor Erholung stellen
- Weitermachen, auch wenn man ganz erschöpft ist
- Warnsignale des Körpers wie Rückenschmerzen, Kopfweh, Müdigkeit usw. ignorieren
- Warnsignale des Geistes/der Seele wie Stimmungsschwankungen, Unruhe usw. ignorieren

Die Saat des Wohlbefindens säen

Es ist am Anfang durchaus unangenehm, sich zu überwinden oder etwas zu lernen. Aber letztlich belohnt uns der Körper mit dem Wohlfühlbotenstoff Dopamin dafür. Bedenken Sie auch, dass es neben dem viel diskutierten Burnout das gern übersehene Boreout gibt, die Langeweile, die krank macht. Sie entsteht schon dann, wenn wir jahrein jahraus bei der Arbeit gleich gefordert sind oder die meisten Abende vor dem Fernseher verbringen.

Routine mag sich gut anfühlen, weil sie mit wenig Anstrengung verbunden ist. Aber es ist ein Irrtum zu glauben, dass sie uns tatsächlich guttut. Ich denke, er ist entstanden, weil wir zu lange die falsche Art von Disziplin eingesetzt haben im Sinne des sich Zusammenreißens, sich Verstellens und unangemessenen Anpassens. Das merken wir dann plötzlich seelisch und körperlich. Doch statt nun an der Ursache etwas zu ändern, uns eine geeignetere Arbeit zu suchen oder ein Gespräch mit der Familie zu führen, versuchen wir Kräfte zu sparen, um die Überforderung weiter durchhalten zu können.

Irgendwann kommt dann eine ernstere Krise, damit wir auf-

wachen. Eine Krankheit, Kündigung, Trennung, die uns wach-
rüttelt. Ich hoffe, für Sie nicht mehr. Sie können sich sofort,
jeden Tag neu und besser entscheiden.

Natürlich wäre es toll, wenn die anderen mitmachen. So wie
ich auch hoffe, dass jeder, der dieses Buch liest, jemanden mit-
nimmt und positiv ansteckt. Doch wir sollten das nicht zur
Voraussetzung machen, um mit dem neuen Lebenskonzept zu
beginnen. Setzen Sie sich Ihr eigenes großes Ziel und tun Sie
täglich mindestens etwas Kleines dafür. So klein, dass Sie keinen Grund haben, es nicht zu tun.

Bleiben wir beim Körper. Wenn Ihr Ziel ist, sportlich zu sein
und auszusehen, dann zählt jedes Gummibärchen, das Sie
einsparen und jede Treppe, die Sie nehmen. Apropos Treppe:
Kleine Schritte heißt Folgendes: Wenn Sie keine Lust haben, in
den dritten Stock hinauf und hinunter zu laufen, dann beginn-
nen Sie mit dem Hinunter. Wenn Sie dies als Gewohnheit etabliert haben und fitter sind, fällt das Hinauf leichter.

Oder bei der ungeliebten Ablage: Heften Sie alles, was zwei
bis drei Minuten dauert, gleich ab. Dann investieren Sie am
Tag vielleicht zweimal drei Minuten. Das ist überschaubar. Und
wenn Sie das auch nicht schaffen, weil die alte Gewohnheit zu
stark ist? Dann holen Sie sich Hilfe. Jemanden, der mit Ihnen
aufräumt oder nachfragt, was Sie tun. Erzählen Sie, was Sie
vorhaben. Gehen Sie zum Coaching oder in Gruppen, die sich
mit bestimmten Themen befassen. In manchen Unternehmen
gibt es Mentoring-Programme, aber Sie finden diese auch in
Frauennetzwerken. Schreiben Sie einen Blog, in dem Sie be-
richten, wie Sie ein Thema angegangen sind.

Für den Geist gilt Gleiches. Tun, tun und nochmals tun.
Denn das, was uns nicht guttut, haben wir schließlich auch
jahrzehntelang trainiert. Übrigens spricht für das sofort Anfangen die Tatsache, dass es dann einen Tag weniger zurückzudre-

hen gibt. Je länger wir etwas vor uns her schieben: Abnehmen, Gehaltsgespräch oder Umziehen, umso schwieriger wird es. So sehr unser Gehirn neue Reize braucht, so träge ist es, wenn es um Veränderungen geht.

Wenn Sie anders leben wollen, dann planen Sie genug Zeit bis zur Zielerreichung ein. Je mehr Zeit Sie sich dafür nehmen, umso länger werden Sie erhalten können, was Sie erreicht haben. Körper und Geist verfügen über zahlreiche Mechanismen, uns zu alten Gewohnheiten zurückzulocken. Der beste Trick ist, in Körper und Geist gerade dann zu investieren, wenn alles gut ist. Dann ist der Aufwand nämlich am kleinsten und die Wirkung am schnellsten.

Gewöhnen Sie sich Rituale des guten Denkens an, wie das Dankbarkeitstagebuch am Morgen oder Abend oder das regelmäßige Aufschreiben guter Gedanken. Wichtig ist, dass das, was Sie tun, zu Ihnen passt und dass Sie für Abwechslung sorgen. Ich bin sehr für die Etablierung von Ritualen, doch sie dürfen nicht zur Routine werden, dann wirken sie nicht mehr. Sie merken das daran, dass ein Ritual bewusst und aufmerksam vollzogen wird, wie z. B. das Anzünden der Kerzen am Weihnachtsbaum oder das Auflegen einer bestimmten Musik als Zeichen der Entspannung. Alles, was automatisiert und unbewusst abläuft, ist Routine, wie Fahrradfahren oder duschen.

Das morgendliche Kaffee- oder Teekochen kann sowohl das eine als auch das andere sein. Wenn Sie mit Vorfreude und bedacht zur Kaffeemaschine gehen, sich dafür Zeit lassen, den Kaffee bewusst auswählen, langsam und aufmerksam einfüllen, den Duft genießen, die Farbe bewundern, den ersten Schluck mit allen Sinnen aufnehmen, dann haben Sie ein Ritual absolviert, das Ihnen guttut. Wenn Sie Kaffee kochen und mit den Kindern sprechen, gleichzeitig das Pausenbrot vorbereiten und Zähne putzen, dann ist es Routine. Auch Routinen sind sinnvoll, wenn die Zeit knapp ist. Wenn das ganze Leben jedoch voller Routinen ist, dann leben Sie nicht mehr bewusst. Bei Ritualen sollten Sie aufmerksam werden, wenn Sie emotional nicht mehr dabei sind. Dann verlieren sie ihre Wirkung und Sie sollten etwas variieren.

> Selbstdisziplin ist ein Geschenk, das wir uns selbst machen. Sie bedeutet das zu tun, was getan werden muss, um gut für uns zu sorgen. Sie heißt, uns heute angemessen anzustrengen, damit wir morgen die gewünschten Früchte ernten.

Kurz gesagt

Süße Selbstfürsorge

Schaut man nach Synonymen für »Fürsorge«, gibt es eine ganze Reihe, z. B. »Einsatz, Beistand, Pflege, Instandhaltung, Rücksichtnahme«. Da ist alles dabei, was wir für uns tun und erreichen wollen. Gänsehaut bekomme ich bei dem Begriff Beistand. Ein altmodischer Begriff für etwas, das in unserer schnelllebigen und individualisierten Zeit seltener wird, gleichzeitig aber dringend nötig ist. Häufig darf ich ein Beistand für meine Klienten sein. Ein wertschätzender Mensch an ihrer Seite, der wissen will, wie es ihnen geht und ihnen den Rücken stärkt. So verstehe ich nicht nur meine Arbeit, sondern auch die zuletzt genannte Idee von der Selbstfürsorge.

Von nun an dürfen Sie selbst sich als Erstes dieser Beistand sein. Der erste Mensch, der Rücksicht auf Sie nimmt. Durch diese gute Behandlung pflegen und schützen Sie Ihre Ressourcen und Leistungsfähigkeit.

Dies ist auch der Sinn der Fürsorgepflicht von Arbeitgebern. Erfüllen sie diese nicht, wird das sanktioniert und bestraft. Es geht nicht nur um die Bezahlung der erbrachten Arbeit, sondern auch die Gestaltung des Arbeitsplatzes in einer Weise, dass er keine Gefahr für Leben oder Gesundheit des Arbeitnehmers darstellt. Immer mehr Aufmerksamkeit erhält der Schutz der Persönlichkeit, der ebenfalls dazugehört. Die Ermittlung des psychischen Gefährdungspotenzials ist seit Kurzem gesetzlich verankert. Es gibt außerdem die Fürsorgepflicht der Eltern, der Vermieter, des Staates oder der Lehrer. Ich plädiere dafür, dass wir die Fürsorgepflicht für sich selbst ausrufen. Faktisch ist es so, dass diese zuerst kommt. Alles andere ist ergänzendes Extra eines hochentwickelten Landes. Wir entscheiden immer für oder gegen uns. Bei allem, was wir tun oder lassen. Egal, wo wir sind und worum es geht. Manchmal zeigt sich das nicht sofort, deshalb heißt Selbstfürsorge auch, langfristig zu denken: Was tut uns wirklich gut und nicht nur scheinbar? Mit Selbstfürsorge können wir den immer wieder erwähnten positiven Kreislauf erschaffen. Wenn wir in uns investieren, gewinnen wir den guten Zustand, indem es leichter ist, selbstdiszipliniert und -organisiert zu leben. Dies macht es einfacher, für die Umstände zu sorgen, mit denen es uns gut geht. Dabei verstärken sich Denken, Fühlen und Tun wechselseitig. Und an allen Stellen profitieren unsere Mitmenschen davon.

Bleiben wir kurz bei den guten Gefühlen. Einer Meta-Analyse von Antonella Delle Fave, Professorin für Psychologie an der Universität Milano, zufolge, korreliert Glück mit der Gesundheit von Menschen sowie deren Lebenserwartung, denn glückliche Menschen haben weniger chronischen Stress. Mehr positive Emotionen führen dazu, dass sich Menschen besser anpassen und Probleme besser bewältigen können. Ob Glück – wie schon diskutiert – aber tatsächlich gesünder macht, liegt wohl nicht nur in der Art des Glückes, für das wir sorgen können. Sondern vor allem darin, ob wir handeln oder nicht. Dazu gehört, Abstand von ungelösten Problemen zu schaffen oder aktiv nach z. B. medizinischen Informationen zu suchen. Diese Selbstfürsorge bewirkt, dass Symptome als weniger belastend empfunden werden und Behandlungen besser anschlagen.

Selbstfürsorge bringt alles zum Thema »Selbst« Gesagte zusammen: Wertschätzung und Selbstverantwortung führen dazu, dass wir unser eigenes Wohlergehen endlich wichtig nehmen. Die Selbsterkenntnis, wie wir sein wollen, was zu uns passt und was wir hinter uns lassen wollen, geht mit der positiven Ausrichtung unseres Lebens Hand in Hand. Wenn wir so motiviert sind, sorgen Disziplin, gute Organisation und Stressmanagement dafür, dass wir auch umsetzen, was wir wissen. Der gute Umgang mit uns selbst ist das Ergebnis.

In allen Bereichen des Lebens stehen wir zwischen Last und Lust, Müssen und Wollen. Anhand der Selbstfürsorge können wir entscheiden, wann wie viel wovon passt: Ist es fürsorglich, mich jetzt bei dem Bewerbungsgespräch anzustrengen, um eine Chance für einen Neuanfang zu bekommen? Ist es fürsorglich, wenn ich einen schwierigen Anruf verschiebe oder den Yogakurs für eine Überstunde streiche? Die Antwort kann mal so, mal so sein. Auch den Yogakurs zu streichen kann fürsorglich sein. Z. B. wenn Sie morgen in den Urlaub fahren und keine Ruhe hätten, wenn die unerledigte Akte auf dem Tisch liegt oder wenn der Koffer noch nicht gepackt ist und Sie wissen, dass Sie am Morgen definitiv in Stress geraten, wenn Dinge fehlen.

Der Bogen von schädlicher Anstrengung und verlorenem Wohlbefinden hin zu nützlicher Anstrengung und selbst geschaffenem Wohlbefinden schließt sich. Ihr Leben dreht sich um Sie. Chancen, Möglichkeiten, Ärgernisse, Veränderungen, immer sind Sie Bezugspunkt. Selbstfürsorge ist das Geheimrezept. Seien Sie der aufmerksame, wertschätzende, motivierende Beistand an Ihrer Seite.

Kurz gesagt

Ausblick

Es ist kein Wunder, dass sich viele Menschen erschöpft fühlen. Die Missverständnisse und Irrtümer in Bezug auf Anstrengung und Wohlbefinden fordern dreifach Tribut. Erinnern Sie sich? Weil wir uns für das ersehnte Wohlbefinden nicht genug angestrengt haben, für die falschen Ziele umso mehr. Wir haben Anstrengung über- und Wohlbefinden unterschätzt. Statt nun besser für uns zu sorgen, strengen wir uns noch mehr an. Auf diesem Weg entsteht der dritte Schaden.

Sie haben Lösungen in der Hand, wie es anders gehen kann. Welche davon genau für Sie passt, werden Sie ganz schnell herausfinden, wenn Sie es ausprobieren. Starten Sie bald mit dem Perspektivwechsel, umso leichter und schneller geht es. Sie bereiten heute Ihre Zukunft vor, hoffentlich im Gleichgewicht von Anforderungen und geistigen Ressourcen.

Nützliche Anstrengung plus
selbstbestimmtes Wohlbefinden
sind die Immunisierung gegen
Erschöpfung und Burnout.
Sie sind die **Garantie**, dass Sie heute,
morgen und übermorgen so arbeiten und
leben können, wie Sie sich das vorstellen.

Es ist eine Kunst, gut mit sich umzugehen. Eine Kunst kann man lernen. Sie haben den großen Vorteil, dass Sie schon jahrelang geübt haben. Sich zu engagieren, anzustrengen, Bestleistung zu bringen, diszipliniert, fürsorglich und aufmerksam zu sein.

Nun brauchen Sie das, was Sie schon immer für andere, angefangen bei den Nachbarn über Kinder, Geschwister, Eltern, Partner bis zu Kollegen, Geschäftspartner oder Kunden getan haben, nur noch auf sich zu übertragen. Es genügt, die Entscheidung zu treffen, dass Sie sich sofort besser und mit nützlicher Anstrengung um Ihr Wohlbefinden kümmern. Dann kommen die ersten Effekte von ganz allein.

Ein letzter Praxistipp: Beobachten Sie, was Sie sich von anderen wünschen. Was Sie gern erleben und von anderen bekommen würden. Und tun Sie genau das für sich. Das können Aufmerksamkeit und Liebe, Wertschätzung, Zuverlässigkeit oder Schutz sein. So wissen Sie, wo Sie anfangen können beim guten Denken, guten Handeln und guten Leben.

Von Herzen wünsche ich Ihnen Erfolg und Genuss dabei.

Dank

Ein Buch schreibt man nie allein. Damit meine ich nicht nur, dass ich den richtigen Verlag und die richtige Lektorin zur richtigen Zeit gefunden habe, sondern dass es über Jahre in vielen kleinen Schritten in Kopf und Herz entsteht. Ich habe von Menschen, mit denen ich arbeite, lernen dürfen. Viele lebendige und stille Quellen der Inspiration sind eingeflossen, und ich hatte Kollegen, Freunde und meine Familie als Mutmacher an meiner Seite. Dafür, dass dies so ist, sage ich Dank.

Quellen

2014 Trends in Global Employee Engagement, AON Hewitt, www.aon.com/attachments/human-capital-consulting/2014-trends-in-global-employee-engagement-report.pdf
Action for Happiness: www.actionforhappiness.org [13.04.2016]

Aeschbach, Silvia: Die Top 10 des Glücks, 03.12.2015 http://blog.tagesanzeiger.ch/vonkopfbisfuss/index.php/64312/die-top-10-des-gluecks/ [06.10.2016]

Aggressivität könnte das Gehirn schneller altern lassen, Blick, 02.03.2016, www.blick.ch/news/schweiz/psychologie-aggressivitaet-koennte-das-gehirn-schneller-altern-lassen-id4755070.html [13.04.2016]

»Attitudes to health and wellbeing« www.simplyhealth.co.uk/sh/pages/media-centre/healthcare-research/attitudes.jsp [06.10.2016]

Bakker, Arnold B.; Demerouti, Evangelia; Schaufeli, Wilmar B.: The Crossover of Burnout and Work Engagement among Working Couples. In: Human Relations 58 (5), 2005, S. 661–689, www.sagepublications.com

www-bcf.usc.edu/~easterl/papers/Happiness_and_Growth_Appendix.pdf

Biswas-Diener, Robert; Dean, Ben: Positive Psychology Coaching. Putting the Science of Happiness to Work for Your Clients, Hoboken 2007

Bleib locker, Deutschland! – TK-Studie zur Stresslage der Nation. Hg.: Techniker Krankenkasse Pressestelle, 2013 www.tk.de/centaurus/servlet/contentblob/590188/Datei/115474/TK_Studienband_zur_Stressumfrage.pdf [17.09.2014]

Bolier, Linda; Haverman, Merel; Westerhof, Gerben J. u. a.: Positive psychology interventions: A meta-analysis of randomized controlled studies, BMC Public Health 2013, 13–119, 08.02.2013, http://bmcpublic-health.biomedcentral.com/articles/10.1186/1471-2458-13-119 [06.10.2016]

Bressler, Linda A.; Bressler, Mark E.; Bressler, Martin S.: The Role and Relationship of Hope, Optimism and Goal Setting in Achieving Academic Success: A Study of Students enrolled in Online Accounting Courses, in: Academy of Educational Leadership Journal, Volume 14, Number 4, 2010 www.alliedacademies.org/Publications/Papers/AELJ%20 Vol%2014%20No%204%202010%20p%2037-51.pdf [28.04.2014]

Buhse, Malte: Lassen Sie Ihre schlechte Laune raus, 02.12.2015, www. wiwo.de [06.10.2016]

Bürgel, Ilona: »Ich bin überzeugt, dass Burn-out ansteckend ist«, 13.01. 2015, www.welt.de/vermischtes/article136312152/Ich-bin-ueberzeugt-dass-Burn-out-ansteckend-ist.html [06.10.2016]

Clear, James: How Positive Thinking Builds Your Skills, Boosts Your Health, and Improves Your Work, http://jamesclear.com/positive-thin king [06.10.2016]

www.coaching-report.de/coaching-markt.html

Csikszentmihalyi, Mihaly; LeFevre, Judith: Optimal Experience in Work and Leisure, Journal of Personality and Social Psychology, 1989, Vol. 56, No. 5, 815–822

DAK Gesundheitsreport 2014, Hg.: DAK Forschung, www.dak. de/dak/download/Vollstaendiger_bundesweiter_Gesundheitsre port_2014-1374196.pdf [17.09.2014]

DAK: Trendwende: Ein Drittel weniger Ausfälle wegen Burnout, 24.11.2014., www.dak.de/dak/bundes-themen/Trendwende_bei_Burnout-1520516.html [15.02.2016]

DEGS – Studie zur Gesundheit Erwachsener in Deutschland, Robert-Koch-Institut, www.degs-studie.de/ [29.09.2014]

Delle Fave, Antonella: The Multifaceted Interaction Between Health & Well-Being, in: M.D. IPPA Newsletter, Volume 6, Issue 1, 06/2013

Demerouti, Evangelia; Mojza, Eva J.; Bakker, Amold B.: Reciprocal Relations Between Recovery and Work Engagement, The Moderating Role of Job Stressors, in: Journal of Applied Psychology 97, 2012, 4 pp 842–853

Depue, Richard: Dopamin, in: Journal of Personality and Social Psychology, 2006, Vol. 90, No. 4, 692–708

DGB-Index Gute Arbeit GmbH (Hrsg.): Wachsender Psycho-Stress, wenig Prävention – wie halten die Betriebe es mit dem Arbeitsschutzgesetz? So beurteilen die Beschäftigten die Lage, Ergebnisse der Repräsentativumfrage 2012 zum DGB-Index Gute Arbeit, www. dgb-index-gute-arbeit.de/downloads/publikationen/data/wachsender_ psycho-stress-_wenig_praevention_-_wie_halten_es_die_betriebe_mit_ dem_arbeitschutzgesetz.pdf [12.05.2014]

Dialektisches Wohlbefinden (ohne Autor), www.wirtschaftspsycholo gie-aktuell.de/strategie/strategie-20151105-dialektisches-wohlbefinden. html [10.11.2015]

Dodge, R.; Daly, A.; Huyton, J., & Sanders, L. (2012): The challenge of defining wellbeing, International Journal of Wellbeing, 2(3), 222–235. doi:10.5502/ijw.v2i3.4

Eberle, Ute: Positives Denken – Gesunder Optimismus, in: ZeitWissen Nr. 6/2010, www.zeit.de/zeit-wissen/2010/06/Optimismus-Positives-Den ken [16.06.2014

Esch, Tobias & Stefano, George B.: The neurobiology of stress management, Neuroendocrinol Lett 2010; 31(1):19–39 PMID: 20150886 NEL310110A30 © 2010 Neuroendocrinology Letters, www.nel.edu

Esch, Tobias, live auf dem Kongress: The Cutting Edge of Positive Psychology, Juli 2016, Hamburg

Esch, Tobias: »Gesund im Stress: Der Wandel des Stresskonzeptes und seine Bedeutung für Prävention, Gesundheit und Lebensstil«, in Gesundheitswesen 2002, 64, S. 73–81, Stuttgart/New York

Europäische Agentur für Sicherheit und Gesundheitsschutz am Arbeitsplatz: Gesamteuropäische Meinungsumfrage zu Sicherheit und Gesundheitsschutz bei der Arbeit 2013 https://osha.europa.eu/de/surveys-and-statistics-osh/european-opinion-polls-safety-and-health-work [15.02.2016]

European Social Survey, www.europeansocialsurvey.org [06.10.2016]

Fredrickson, Barbara I.: Die Macht der guten Gefühle. Wie eine positive Haltung Ihr Leben dauerhaft verändert, Frankfurt/New York 2011

Fredrickson, Barbara, live auf dem Kongress The Cutting Edge of Positive Psychology, Juli 2016, Hamburg

Friedman, Howard S.; Martin, Leslie R.: The Longevity Project, Surprising Discoveries for Health and Long Life from the Landmark Eight-Decade Study, New York 2012

Gute Laune, bessere Gesundheit? Glückliche Frauen leben auch nicht länger, n-tv.de, 03.03.2016, www.n-tv.de/wissen [13.04.2016]

Hahnzog, Simon; Kraus, Charlotte: »Burnout?« – »Nein, danke. Ich hab schon.« Wie die Präsenz von Burnout die Einschätzung unserer Gesundheit beeinflusst. In: Journal of Business and Media Psychology (2012) 3, Heft 2, S. 31–42, www.journal-bmp.de [06.10.2016]
 www.happiness-research.org
 www.happiness-kurs.com
 www.happiness-atlas.com

Heinrich, Christian: Positives Denken: Optimismus als Überlebensstrategie, in: Spiegel online, 2.6.2013. www.spiegel.de/gesundheit/psychologie/optimismus-positive-gedanken-koennen-das-leben-staerken-a-901042.html [16.06.2014]

Helliwell, J.; Layard, R., & Sachs, J. (2016): World Happiness Report 2016, Update (Vol. I). New York: Sustainable Development Solutions Network, http://worldhappiness.report/ [13.04.2016]

Holzapfel, Nicola: Wie es Frau nach oben schafft. Was der Karriere guttut, was Frauen auf dem Weg nach oben bremst und wie sie mit Stress umgehen. Umfrage des Europressedienstes unter Frauen in Führungs-

positionen, in: Süddeutsche Zeitung 17.05.2010, www.sueddeutsche.de/
karriere/studie-wie-es-frau-nach-oben-schafft-1.513970 [15.02.2016]

Huntemann, Hella; Reichart, Elisabeth: Volkshochschul-Statistik:
53. Folge, Arbeitsjahr 2014; Online-Erstveröffentlichung (November
2015) in der Sammlung texte.online: aus Projekten und Arbeitsberei-
chen des Deutschen Instituts für Erwachsenenbildung – Leibniz-Zen-
trum für Lebenslanges Lernen (DIE)

IG Metall: Ergebnisse der Forsa-Umfrage zum Thema Stress; Dem
Stress im Job Grenzen setzen. https://www.igmetall.de/ergebnisse-der-
forsa-umfrage-zum-thema-stress-11552.htm [10.02.2016]

Kromm, Walter; Krückeberg, Katja; Frank, Gunter: Shape Studie, Berufliche Leistungsfähigkeit und Lebensqualität, Ressourcen und Potenziale; Projektteam SHAPE-Studie, Ortenberg/Gelnhaar, 2004

Kühn, Martina: Unser Luxus wird einfacher; Choco 1/2015

Lohmann-Haislach, Andrea: Stressreport Deutschland 2012, Psychische
Anforderungen, Ressourcen und Befinden. Hg.: Bundesanstalt für Ar-
beitsschutz und Arbeitsmedizin, Dortmund/Berlin/Dresden 2012, www.
baua.de/dok/3430796 [29.09.2014]

Lyubomirsky, King and Diener: The benefits of frequent positive af-
fects; Does happiness lead to success? American Psychology Ass. Psychological Bulletin, 2005, Vol 131 No 803–855

Lyubomirsky, Sonja; Della Porta, Matthew D.: Boosting Happiness,
Buttressing Resilience: Results from Cognitive and Behavioral Interventions, 2008, sonjalyubomirsky.com/wp-content/themes/sonjalyubo
mirsky/papers/LDinpressb.pdf

Lyubomirsky, Sonja: The Myths of Happiness: What Should Make You
Happy, but Doesn't, What Shouldn't Make You Happy, but Does, 2014,
Penguin

Lyubomirsky, Sonja and Layous, Kristin: How Do Simple Positive Ac-
tivities Increase Well-Being? Directions in Psychological Science 22(1)
57–62, 2013

Lyubomirsky, S.; Sousa, L.; Dickerhoof, R.: The Costs and Benefits of Writing, Talking, and Thinking About Life's Triumphs and Defeats. In: J Pers Soc Psychol. 2006, 90(4), 692–708

Lyubomirsky, S.; Dickerhoof, R.; Boehm, J.; Sheldon, K.: Becoming Happier Takes Both a Will and a Proper Way: An Experimental Longitudinal Intervention to Boost Well-Being (Abstract). In: Emotion, Vol. 11, No. 2, 391–402 (2011)

Neal, Kathy: Human cells respond differently to happiness, UNC College of Arts and Science 2016 http://college.unc.edu/2013/07/29/human-cells-respond-differently-to-happiness/ [15.02.2016]

Nelson, S. Katherine; Fuller, Joshua A. K.; Choi, Incheol; Lyubomirsky, Sonja: Beyond Self-Protection: Self-Affirmation Benefits Hedonic and Eudaimonic WellBeing; Personality and Social Psychology Bulletin 1–14, 2014

»Wie zufrieden ist Deutschland mit seinem körperlichen Wohlbefinden?« 2014, www.nestle.de/medien/medieninformationen/studie-zu-koerperlichem-wohlbefinden [06.10.2016]

»Ungerechtigkeit wird weitergegeben«: www.n-tv.de/wissen/Ungerechtigkeit-wird-weitergegeben-article17112761.html, 01.03.2016 [13.94.2016]

»Life Satisfaction«, OECD Better Life Index www.oecdbetterlifeindex.org/topics/life-satisfaction/ [06.10.2016]

Paddock, Catharine PhD: Optimism May Help Protect Heart, 18. April 2012, www.medicalnewstoday.com [06.10.2016]

Pennebaker, James W.: Opening Up. The Healing Power of Expressing Emotions, New York 1990

Pennekamp, Johannes: Merkels Neuvermessung des Glücks, 21.08.2014, www.faz.net/aktuell/wirtschaft/wirtschaftspolitik/merkels-neuvermessung-des-gluecks-13109498.html [06.10.2016]

Proctor, Carmel; Maltby, John; Linley, P. Alex: Strengths Use as a Predictor of Well-Being and Health-Related Quality of Life; J Happiness Stud (2011) 12:153–16 DOI 10.1007/s10902-009-9181-2

Proyer, René T.; Ruch, Willibald; Buschor, Claudia: Testing Strengths-Based Interventions: A Preliminary Study on the Effectiveness of a Program Targeting Curiosity, Gratitude, Hope, Humor, and Zest for Enhancing Life Satisfaction, in: Journal of Happiness Studies, March 2013, Volume 14, Issue 1, pp 275-292. http://link.springer.com/article/10.1007%2Fs10902-012-9331-9 [16.06.2014]

Rose, Nico: Lizenz zur Zufriedenheit: Lebensziele verwirklichen. Positive Psychologie in der Praxis, Paderborn 2012

Rose, Nico: Der ROFL-Faktor – was glückliche Mitarbeiter bewirken. 07.08.2015, www.gruenderszene.de/allgemein/positive-psychologie-mitarbeiter-glueck [06.10.2016]

Rose, Nico: Fokus aufs Funktionierende, Manager Seminare 194/2014

Schueller, Stephen; Parks, Acacia C.: The Wiley-Blackwell Handbook of Positive Psychological Interventions (Wiley Clinical Psychology Handbooks) 10. April 2014, Kindle eBook

Seligman, Martin E. P.; Steen, Tracy A.; Peterson, Christopher: Positive Psychology Progress Empirical Validation of Interventions; tidsskrift for norsk psykologforening 2005, 42 874–884

Seligman, M. E. P.; Steen, T. A.; Park, N., Peterson C.: Positive psychology in progress. Empirical validation of interventions. American Psychologist, 60, 410–421 (2005)

Shimai, Satoshi; Barbara Fredrickson u.a.: Happy People Become Happier Through Kindness: a Counting Kindnesses Intervention; J Happiness Stud. 2006 September; 7(3): 361–375.

Sin, Nancy L.; Lyubomirsky, Sonja: Enhancing Well-Being and Alleviating Depressive Symptoms With Positive Psychology Interventions: A Practice-Friendly Meta-Analysis, Journal of Clinical Psychogy: In Session, Vol. 65(5), 467–487 (2009)

Sin, Nancy L.; Della Porta, Matthew D.; Lyubomirsky, Sonja: Tailoring Positive Psychology Interventions to Treat Depressed Individuals, 2011, http://sonjalyubomirsky.com/wp-content/themes/sonjalyubomirsky/papers/SDL2011.pdf

Smith JL, Harrison PR, Kurtz JL et al. Nurturing the capacity to savor: interventions to enhance the enjoyment of positive experiences. In: Parks AC, ed. The Wiley-Blackwell Handbook of Positive Psychological Interventions. Oxford: Wiley-Blackwell; 2014: 42–65

Straßmann, Burkhard: Träum das Problem! 18. Dezember 2014, http://www.zeit.de/2014/50/wuensche-traeume-hoffnung-psychologie [22.02.2016]

Tausch, R.: Sinn in unserem Leben – bedeutsam für seelische Gesundheit, Leistungsfähigkeit und Lebensqualität. In: M. Ringlstetter; S. Kaiser und G. Müller-Seitz (Hrsg.): Positives Management. Zentrale Konzepte und Ideen des Positive Organizational Scholarship. Wiesbaden 2006, S. 115–130

Teismann, Tobias; Het, Serkan; Grillenberger, Matthias u. a.: Writing about life goals: Effects on rumination, mood and the cortisol awakening response, Journal of Health Psychology, Jul 1, 2013

Tomoff, Michael: Zum Glück – kugelsichere Übungen zur Steigerung des Wohlbefindens, 28. Juli 2011, www.tomoff.de/zum-glueck-kugelsichere-uebungen-zur-steigerung-des-wohlbefindens/ [06.10.2016]

Tromholt, Morten; Lundby, Marie; Andsbjerg, Kjartan; Wiking, Meik: The Facebook Experiment: Does Social Media Affect the Quality of our Lives?, www.happinessresearchinstitute.com/ [13.04.2016]

UN Resolution 66/281, www.un.org/en/ga/search/view_doc.asp?symbol= %20A/RES/66/281 [13.04.2016]

Verband deutscher Unternehmerinnen: Unternehmerinnenumfrage Frühjahr 2014, www.vdu.de/fileadmin/user_upload/News/Publikationen/2014_Unternehmerinnenumfrage_Broschuere.pdf [15.02.2016]

Weber, Bernd: »Ungerechtigkeit pflanzt sich fort«, www.uni-bonn.de/
Pressemitteilungen/036-2016 [13.04.2016]

Weltgesundheitsorganisation, Regionalbüro für Europa: Gesundheit
2020 – das Rahmenkonzept der Europäischen Region für Gesundheit und Wohlbefinden, www.euro.who.int/de/health-topics/health-po
licy/health-2020-the-european-policy-for-health-and-well-being/about-
health-2020 [06.10.2016]

Wie häufig wird im Web nach Krankheiten gesucht? Studie Central
Versicherung Apothekenumschau 12/15

Zhang, Jia Wie; Howell, Ryan T: Do time perspectives predict unique
variance in life satisfaction beyond personality traits? Personality and
Individual Differences, Volume 50, issue 8 (Juni 2011), p. 1261–1266